原田久

社会制御の行政学

マインツ行政社会学の視座

信山社

はしがき

一　「日本の行政研究」の必要性が指摘されて久しい。雑誌・自治研究における井出嘉憲・村松岐夫との鼎談「行政学を考える」（一九七五年）のなかで、西尾勝は、長期的、戦略的に見た場合、どのような形で学界のエネルギーが蓄積され、配分され組織化されることが望ましいかという井出の問いかけに対して、日本の行政の研究者が増加することを最初に挙げていた。

かかる西尾の問題意識は、それ以降の行政研究者にも十分に意識され、一連の実証的な政策研究として結実したことは贅言を要しない。他方、日本行政の実証研究の先駆者というべき村松が、西尾に先だって指摘した以下述べる視点については、後続の行政研究者に共鳴者を見いだせぬまま今日にまで至っている。曰く、「最近の日本の行政学では、ドイツ研究が皆無に近いですね。……これはかなり重要なことですね。……ドイツも、ラント・レヴェルと連邦レベルを考えなければなりませんが、やはり相当強い官僚制を持っているわけです。依然として大陸の行政官僚制の研究及び彼らの行政研究の追跡は、外国をどうせフォローするなら、まずしなければならなかったのじゃないか」。

二　戦後日本の行政研究者がこぞってアメリカから学ぼうとした背景には、おそらく、世界で最も優れた成果を積み上げてきた行政学発祥の地・アメリカへの憧憬があり、日米行政の比較という作業を通じて、日本の行政官僚制の構造と作動の特質を解明することまでは意図されなかった。大統領制と議院内閣制という政治体制の相違、デモクラシーの確立以前から強固な行政官僚制が存在したか否か、等々の諸点は、比較行政という作業を行うには、あまりにコントロール困難な変数であった。これに対して、戦後、政治体制としては議院内閣制を採用し、経済体制としては高度産業資本主義としての経済成長を果たしつつも、戦前から強固な行政官僚制を擁するといわれるドイツ行政の研究は、日本の行政の特質を解明するにあたって、格好の比較の対象であり続けている。

ただその際、慎まねばならないのは、日本の視点から、特定の興味深いあるいは都合のよいドイツの行政現象だけを切り取って、比較の俎上に載せることであろう。行政官僚制を構成する諸要素が互いに連関し、その活動範囲が多岐に渡る以上、群盲象を撫でるの悪弊に陥らぬためには、迂遠な作業ではあるが、行政現象を体系的に分析するかの地の行政理論にも目配りの利いた比較研究が必要となる。すなわち、リサーチ・デザインとして、ドイツにおける個々の行政現象を相互にリエゾンさせ、総体として把握する役割を、ドイツの行政理論に求めているのである。

三　本書は、かかる問題意識から、ドイツにおける行政研究の第一人者であるレナーテ・マインツ(R.Mayntz, 1929年〜)が体系化した行政社会学（Verwaltungssoziologie）の解明、及びその視座を通じたドイツ行政官僚制の構造と作動の把握を試みるものである。マインツの展開する行政社会学は、独自に構想された社会制御理論をベースに、アングロサクソン系諸国の行政研究者とは異なる視点から行政官僚制の構造と作動にアプローチしており、欧米の行政研究のなかで独り異彩を放っている。また、彼女が精力的に取り組んだ研究分野は、行政組織、行政改革、公務員制度、政官関係、政策インプリメンテーション、政策ネットワーク、政府間関係、等々と極めて広範囲に及んでおり、現段階では**二**で述べた条件を満たす最適の研究者である。

四　そこで、本書のうち、基礎部分を構成する第一部「マインツ行政社会学の構造」では、まず、戦後におけるドイツ行政研究を概観した上で、マインツ行政社会学の理論体系を明らかにする（＝第一章）。次に、この俯瞰図をもとに、マインツ行政社会学の核心を構成する社会制御理論（Steuerungstheorie）——近年流行の表現で言えば、ガバナンス（governance）理論——の変化に応じて区分された三つの時期（①「黎明期」：一九七〇年代前半、②「発展期」：七〇年代後半〜八〇年代前半、③「成熟期」：八〇年代後半〜）ごとに、マインツ行政社会学の展開の系譜を辿り、その特徴と限界とを総合的に論究する（＝第二章〜第四章）。

第二部「日独比較行政研究への接近」では、行政研究における伝統的な二つの問題領域である政治・行政関係の問題と組織のマネジメント問題につき、日本の行政研究との比較を意識しつつ、第一部で詳論したマインツの切り口からすれば、ドイツ行政官僚制の構造と作動がどのように描かれるのかについて考察する（＝第一章〜第二章）。ただ、本書は、厳密な比較行政の方法論を展開してはいないこと、また日本の行政に関する詳細な実証研究にチャレンジしていないという二重の意味で、その射程は限定されたものとなっている。日独行政官僚制の構造及び作動に関する本格的な比較研究は、今後、筆者に課せられた課題である。

目次

目　次

第一部　マインツ行政社会学の構造

第一部の目的は、マインツ行政社会学の構造を、その理論的核心部分を構成する「社会制御理論（Steuerungs-theorie）」の変化によって区分される三つの時期（①「黎明期」：一九七〇年代前半、②「発展期」：七〇年代後半〜八〇年代前半、③「成熟期」：八〇年代後半〜）ごとに、総合的に論究することにある。[1] この考察に先立つ予備的作業として、まず、彼女の経歴と業績を素描しておこう（参照、Mayntz 1998c; Mayntz 1996b）。

はじめに——マインツ・人と業績——

一　レナーテ・マインツ（Renate Mayntz　旧姓 Pflaum）は、ベルリン工科大学教授の父の子として、一九二九年四月二八日に生まれた。四七年にギムナジウムを卒業した後、彼女は一旦はベルリン工科大学において化学を専攻することを志すが、奨学金を得て渡米したボストン近郊のウェルズレー大学在学中に、社会学の魅力に引きつけられることとなった。帰独後、彼女は五一年に専攻を社会学へと変えるとともに、ベルリン工科大学からベルリン自由大学へ移り、五三年にドイツ政治社会学者——「政治社会学の法皇《パプスト》」と評される——オットー・シュタマー（O.Stammer）[2] のもとで博士の学位を取得した。同年、彼女はケルンのユネスコ社会科学研究所研究員となり、政党の地方支部や地域社会に関する実証研究に参画した。

しかし、博士号取得からこの時期までの彼女の研究テーマ選択は、必ずしも本意ではなく、彼女が嘱望していたアメリカ的な組織社会学研究は、教授資格論文よりも後に上梓された『大規模都市の政党集団』（一九五九年）においで、はじめて本格的に着手されることになる。ただ、この間すでに、後に構想する行政社会学の特徴である(1) 実証志向（反イデオロギー的・反教条主義的志向）と(2) メゾレヴェル志向——「私の中心的な関心は、常に、社会の部分システムというメゾレヴェルの構造ないし組織であった」(Mayntz 1998c :288) ——とが確立しつつあった。「レナーテ・マインツは、マートンによって提唱された〝中範囲の理論〟という意味での実証に基礎を置く理論の開発に取り組み、社会哲学に近接する高尚なマクロ理論にも、また社会データの緻密な記述にも関心を向けなかった。その反面、彼女は、社会全体と社会を構成する個人との間に存する中間レヴェルの分析を好んだ[3]」。

二　ユネスコ社会科学研究所を離れた直後に、マインツはロックフェラー奨学金を得て、組織社会学を研究すべく再びアメリカに渡っている。留学先のコロンビア大・カリフォルニア大・ミシガン大では、マートン (R. K. Merton)、ベンディックス (R. Bendix)、セルゼニック (P. Selznick) らに学んだ。彼女は、客員助教授としてコロンビア大に再び戻っているが、当時の同僚には、エッチオニー (A. Etzioni) やウォーラスティン (I. Wallerstein) さらにはベル (D. Bell) もいた。

二度目の渡米の際に得た方法理論的関心や研究者との交友関係は、その後の彼女の研究関心や研究スタイルを決定的に方向付けた (Mayntz 1996b: 234; Mayntz 1998c: 287)。このアメリカでの留学の成果が、ドイツでしばしば引用され版を重ねている『組織の社会学』(Mayntz 1963) である。同書は、彼女の研究業績のなかではじめて行政 (öffentliche Verwaltung) に対するまとまった言及がなされた書物である (例えば、参照、Mayntz 1963: 13-14)。しかし、同書は行政を、教会や企業など「目的を追求する社会構成単位 (Gebilde)」(Mayntz 1963: 7) の一つとして挙げたに過ぎない。また、その分析枠組としても、アメリカの組織社会学の業績を引きつつ、組織の目的、構造及び構成員といった組織のフォーマル要素を中心に据えており、組織の実態については組織の「意図せざる結果」(マートン) についての指摘が時折なされる程度であった。それから五年後に上梓され、マートン、クロジェ（M. Crozier）、グールドナー（A. W. Gouldner）、ベンディックスらの論稿（独訳）を収録するマインツ編『官僚制組織』でも、行政自体に的を絞った考察はなされておらず、巻末の文献リストにおいてモルシュタイン・マルクス（F. M. Marx）の諸著作が示されるにとどまっている（Mayntz 1968a: 12）。

三　ところが、六〇年代末に設置された「連邦政府及び連邦行政の構造改革に関するプロジェクト・グループ（Projektgruppe für Regierungs- und Verwaltungsreform beim Bundesminister des Innern, PRVR）」の委託を受けてマインツが幾つかの鑑定書を執筆して以来、彼女の研究関心は本格的に行政へと向けられ始めた。また、政府・行政機構改革と並行して進められ、七〇年から活動を始めた「公勤務法改革調査会（Studienkommission für die Reform des öffentlichen Dienstrechts）」にも、マインツは主要メンバーとして積極的に加わっている。さらに、七一年に設置された「環境問題に関する専門家審議会（Rat von Sachverständigen für Umweltfragen, RSU）」の委託を受けて、環境法律の執行問題について鑑定書をまとめている。八〇年代に入っても、連邦内務省による官僚制化（Bürokratisierung）問題に関する数度の委託研究に取り組むなど、行政実務とのつながりを保ち続けた（これらの委員会における彼女の具体的活動については後述する）。

この間、マインツは、夫の転勤もあって、七一年にベルリン自由大学を離れ、ドイツ行政研究のメッカであるシュパイヤー行政大学院（一九七一～七三年）を経て、七三年からケルン大学経済社会学部教授に就任した。同時に海外では、スタンフォード大学、コロンビア大学、ニューヨーク大学、エディンバラ大学、チリのラテンアメリカ社会学研究所などで教授活動を行った。さらに一九八五年には、シャルプフ（F. W. Scharpf）とともにケルンにマックス・プランク社会研究所（Max-Planck-Institut für Gesellschaftsforschung, MPIfG）を設置し、初代所長に就任した。彼女は、一昨年四月に同研究所を退職するまで精力的に各種の共同プロジェクトを指導した。

四　後にもみるように、マインツによるドイツ行政研究は、非常に精力的でかつ充実したものとなった。例えば、彼女の代表的著作の一つである『行政社会学（*Soziologie der öffentlichen Verwaltung*）』は、一九七八年に上梓されて以来、版を重ねる（第二版が八二年、第三版が八五年）と同時にイタリア、スペイン、日本で翻訳がなされ、彼女の名前を世に知らしめることとなった。[4] さらに、ドイツ統一や数度の行政改革の進展により、ドイツ行政が変貌を遂げたにもかかわらず、九七年には一切の補訂や加筆修正なしに同書の第四版が出されるに至ったのは、「少なくとも本書が示した〔行政に関する〕歴史的・体系的説明の全てが今なお有効である」（Mayntz 1997 b: Vorwort）からに他ならない。イギリスの雑誌 Public Administration の最近のレビューでも、「マインツのテキストは、一九九七年の版がほぼ一九八五年の版の再版であるにもかかわらず、〔その実証志向性故に〕有用性を保ち続けている。同書は、彼女が『序文』でも書いているように、アップ・ツー・デイトなものではない。しかし、この点は、同書への継続的な需要があることに示されるように、同書の分析の質が高いことを考えれば重要な問題ではない[5]」と紹介されている。

それでは早速、シャルプフとともにドイツ行政研究に「全盛期（Blützeit）[6]」をもたらしたと高く評価される、マインツ行政社会学の構造を解明しよう。

（1）　U. Gerhardt, H.-U. Derlien & F. W. Scharpf, Werkgeschichte Renate Mayntz, in: Derlien u. a. (eds.), *Systemrationalität und Partialinteresse—Festschrift für R.Mayntz—*, 1994, pp. 15-56 では、マインツの研究の軌跡を、時期区分のメルクマールを提示することなく、第一期：「実証科学としての一般社会学：六〇年代末までの業績」、第二期：「一九六九～八五年の行政社会学的業績」、第三期：「八五年以降の社会研究」とに三区分して、それぞれの時期における彼女の業績の意義について客観的に辿っている。しかし本書では、今日までに至る彼女の研究関心が、最新の論文集のタイトル『社会の動態性と政治による制御』(Mayntz 1997a) に端的に表れているように、外部から不透明でかつ固有の動態性を備えているが故、一見制御不可能であるかにみえる社会の部分システムが、政治・行政システム（とりわけ行政官僚制組織）を通じてはたして（そしてまたどの程度）制御可能なのかに置かれていることに鑑み、彼女の社会制御（Steuerung）観の変遷を軸とする三区分を採用している。参照、Mayntz 1998a.; Mayntz & F.W.Scharpf 1995b.

(2) オットー・シュタマーの生涯及び業績については、山口利男「オットー・シュタマー――人と業績――」O・シュタマー編（出口勇蔵監訳）『ヴェーバーと現代社会学（下）』（木鐸社、一九八〇年）三一八頁以下。

(3) http://www.mpi-fg-koeln.mps.de/aktuell/lebenswerkd.html. なお、本書で引用あるいは参照を指示するホームページの最終閲覧日は、二〇〇〇（平一二）年六月二〇日である（以下、同じ）。

(4) 日本でのそれは、縣公一郎訳『行政の機能と構造――ドイツ行政社会学――』（成文堂、一九八六年）である。

(5) N. Dose, Teaching public administration in Germany, *Public Administrstion* (PA) 77 (1999), p. 655.

(6) B. Becker, *Die öffentliche Verwaltung*, 1989, p. 147.

第一章　現代ドイツ行政学におけるマインツ学説

はじめに

「私は、いかなる意味でも行政学（Verwaltungslehre）を独立した学問であると特徴付けはしないであろう。むしろそれは、行政法学に必要な補完物（Ergänzung）なのである……」[1]。ドイツ行政法学の泰斗フォルストホフ（E. Forsthoff）によるこのような断定的見解は、ドイツ行政学がつい数十年前まで置かれてきた状況を明快に物語っている。つとに指摘されるように、一九世紀ドイツ後期官房学はロレンツ・フォン・シュタイン（R. v. Stein）という「彗星」を残したものの、これといった後継者を見出だすことができなかった。その後、行政の研究は主として行政法学ないし公法学に道を譲ることとなった。ここに、行政に対する考察方法として法学的アプローチが支配的となる[2]。

この間も再三再四、かつての行政学を新たに生き返らせようとする試みは存在していた。しかし、第二次世界大戦後しばらくは、ナチス時代への反省から、政治・行政研究の関心は選挙制度や議会手続など「民主主義的な意思形成の制度や過程にかなり傾斜し、例えば、国家活動の効率性の問題は逆に軽視された」（Mayntz 1976a: 328）。すなわち、「インプット志向」による呪縛は断ちがたいものがあった。この状況にはっきりとした変化の兆しが見え始めるのが、――戦前、アメリカでも活躍した――マルクス（F. M. Marx）によって編まれた『行政入門』[3]の出版（一九六五年）以降である。

この時期に始まるドイツ行政学の隆盛には、三つないし四つの理由があげられるのが通例である[4]。すなわち、①フォルストホフいうところの「給付行政（leistende Verwaltung）」の増大はもちろんのこと、②一九六〇年代に本格的に始まった行政改革の影響、③アメリカ行政学のドイツへの流入、及び④各種財団などによる研究支援体制の確立である。①については、すでに日本でも行政法学者によって詳しい紹介・検討がなされている。そのためここでは、現代ドイツ行政学にルネッサンスをもたらした諸要因のうち、②〜④を個別に概観する（一〜三）。この作業により、本書がマインツの行政社会学説に着目する理由がさしあたり明らかになろう[5]。

第一節　現代ドイツ行政学・概観

一　一九六〇年代以降のドイツにおける行政改革[6]の第一段階は、連邦全土にわたる自治体の「領域区画改革（Gebietreform）」、及びこれに続いてしばしば行われた州内部の「任務配分に関する改革（Funktionalreform）」である。戦後のドイツには、人口が少なく小規模な市町村（Gemeinde）や郡（Kreis）が数多く存在していた。そのため、現代行政に課せられる需要に迅速、適切、かつ効率的に対応するには、数多くの問題が山積していた。したがって、当時の領域区画及び任務配分に関する改革が目標としたのは、「最低限の行政サービスを担い、十二分な専門知識を備えた公務員に職務を担当させ、……少なくともある程度自律的に活動することのできる、業務遂行能力を備えた（leistungsfähig）行政単位[7]」の創出であった。

このような趣旨に基づいて、各州で専門的な審議会・委員会が設置され、そこでは行政研究者も参加して委託研究（Auftragsforschung）が盛んに行われた。この結果、州や自治体の合併に関する非常に具体的な提言が行われ、後にこの改革は「ドイツ連邦共和国の地方制度史に特筆されるべき画期的な改革[8]」と位置付けられる。このように、理論的というよりはむしろ「実際上」（Mayntz 1976a: 338）の要請が、とりわけ地方制度や行政組織に関する関心を高めた。そして、単に実際的な問題を取り扱うのみならず、原理的なレヴェルにも立ち入る数多くの文献を世にもたらした。

したがって、ドイツ行政学は、当初より「行政改革学（Verwaltungsreformlehre）[9]」としての性格を併有していた。また、そうであることを行政実務からも期待された。

ドイツ行政学の「再興（Neubeginn）」（ティーメ）が佳境にさしかかるのは、上述の地方制度改革と並行して「一九六六年から徐々に始まった、ボンにおける〝改革段階（Reformphase）[10]〟」以降である。具体的には、すでに簡単に触れた①一九六九年から始まる一連の連邦政府・行政改革、②公勤務法改革調査会によって提案された公勤務法制改革などである。この段階においても、政治・行政実務の側の期待が特定領域に関する行政研究促進の「モーターの役割[11]」を果たした。

連邦レヴェルの政府・行政改革は、前述した一九六八年のＰＲＶＲ設置をその嚆矢とする。当時の連邦政府が繰り返し主張していたように、その背景には、今日及び近い将来政府・行政に課される複雑な行政需要に対応するには両者の機構の改善が必要であるという認識があった。そしてその上で、連邦政府が「構想的政策（konzeptionelle Politik）[12]」ないし「能動的政策（active policy）」（Mayntz & F. W. Scharpf 1975: 6）を展開しうることが急務とされた。これを受けてＰＲＶＲは精力的に調査研究活動を行い、一九七五年にその活動を停止するまで三次にわたる報告書を提出している。マインツは、シャルプフとともにこのＰＲＶＲの活動を積極的に指導し、『政治的計画と民主主義的参加』（Mayntz 1971・未見。その要旨として、Mayntz 1972; Mayntz 1974）や『少年・家族・健康省における審議会制度（Beratungswesen）』（Mayntz 1975a・未見。参照、Mayntz 1977b）といった報告書や鑑定書を執筆している。

残念ながらＰＲＶＲの諸提案は、第一次報告書に盛り込まれた各種の改革案を除いては、実現されないものも多かった（Mayntz & F. W. Scharpf 1975: 169）。しかし、マインツがシャルプフと共に作成した鑑定書『本省行政におけるプログラム開発（Programmentwicklung）』（Mayntz und F.W.Scharpf 1972・未見。その要旨として、Mayntz und F. W. Scharpf 1973a; 1973d）は、行政実務に構造変革の必要性を自覚させるなど、実務及び学界に後にまで影響を与えたといわれる[13]。

後者の公勤務法制改革は、一九七〇年二月の連邦政府に対する連邦議会の要求決議（Ersuchen）に基づくものである。そこでは、今日の国家及び社会における公勤務員の地位及び任務について調査を行い、他国との比較の上で、時代に適った活動能力ある人事構造のモデルを見出だすことが求められた。これに対応して連邦内務省は、七〇年一二月一一日に最初の公勤務法改革調査会を招集し、彼らに具体的提言を行うよう調査を委託した。この一連の改革論議の中心的課題は、官吏（Beamte）・公勤務職員（Angestellte）・労働者（Arbeiter）という三区分を、業務の実態及び彼らの意識に適合させるよう廃止・修正することであった。そして、ドイツ官吏法が採用するラウフバーン・システム（Laufbahnsystem）に残存する非民主的側面を克服することや、非常に細分化された公勤務法制を改善することなどであった[14]。この調査会のメンバーには、マインツやルーマン（N. Luhmann）など五名の社会科学系の大学教授が参加していた。

同調査会は、一九七三年に四〇〇頁にも及ぶ詳細な報告書[15]を提出するに至った。しかし、例えば、公勤務員の地位は法律によって規律されるのか、それとも部分的に協約を通じて行われるのかについてなど、改革案の主要な部分で意見が対立した。結果的に、抜本的な改革は今日まで着手されぬままである。しかし、最終報告書がまとめられるまでには数多くの調査報告書が作成され、同じく一九七三年に本報告書の Anlageband として出版されている（全一一巻）。そのうちマインツは、ルーマンと共に『公勤務制度における人間』（N. Luhmann und Mayntz 1973）を著した。(16) その中で彼らは、公勤務制度改革において見落とされがちな制度の「誘因効果（Anreizfunktion）」――具体的には、⑴公勤務制が公勤務員の潜在的志願者に与える誘因効果と、⑵占職者がキャリア・システムから受け取る誘因効果――について、アンケート調査に基づく実証研究を行っている。

以上の七〇年代における二つの行政改革への積極的関与は、マインツの行政社会学理論の形成にかなりの影響を及ぼしたものと考えられる。事実、『行政社会学』の序文において彼女は、本書を構想する際に、彼女が関与した行政社会学的な研究プロジェクトの成果を盛り込むことができたと記している（Mayntz 1997b: Vorwort zur 1. Auflage＝マインツ 1986: 1）。彼女にとって、二つの審議会や、これらに先立つドイツ全国教育審議会（Deutsche Bildungsrat）への参画（一九六六〜七〇年）は、社会科学的な知識や理論を実務に応用するまたとない機会と写った。「いずれにせよ、ここ〔上述の審議会への参画〕に、長期間にわたる行政研究の諸問題への私の関心が基づいているのである」（Mayntz 1998c: 291）。

二

次に、ドイツ行政学の進展を促した理由として挙げられるのが、アメリカ行政学の影響である。(17) 比較的初期の代表的なテキストには、アメリカの学説を参照・検討している例が幾つか見られる。例えば、M・マルクスは、前出の『行政入門』に寄せた「行政科学の状況」という論文の中で、アメリカ行政学の発展段階が世界的にみて頂点（Spitzenstellung）にあると位置付け、(18) その学説史を辿っている。また、ルーマンの『行政科学の理論』(19) でも、統一した行政科学理論を構想する上で、アメリカの行政理論や組織理論を逐一検討している。

さて、西尾勝によれば、アメリカ行政学の発展は、行政理論（政治・行政の関係）の系譜と組織理論の系譜（組織体としての行政）との合流・分化の歴史であるという。(20) この図式を借用して説明すれば、その後の発展経過をみる限り、ドイツ行政学が本格的に花開く七〇年代以降は、二つの系譜のいずれからも決定的といえるまでの影響を受けていない。特に、組織理論の成果から学ぼうとする姿勢は乏しい。その意味では、「圧倒的影響」[21]を語るのであれば、むしろアメリカの政策科学（policy science）からのそれであろう。戦後日本行政学の草創期のように、ウィルソン「行政の研究」（あるいはそれ以前の行政思想家）から脈々と継承されるアメリカ行政学の系譜を辿り、そこから学ぼうとする姿勢は、むしろ最近の研究者（例えば、ヤン（W. Jann）[22]）にみられる。

六〇年代末から始まった行政改革に触発されつつ、またこれに規定されるかたちで発展したドイツ行政学は、行政の問題解決能力（Problemlösungsfähigkeit）と行政の政治的機能とに関心を集中させた。かかる認識枠組みに決定的な影響を与えたのが、マインツの盟友シャルプフによる「政治学の一部（Teil）としての行政学」（一九七三年）[23]という論文である。

シャルプフの議論は、「政治（Politik）」を、解決が必要な問題が何であるかを明らかにし、政治目標を設定し、とりうる行動の選択肢を開発し、最終的に拘束力ある決定がなされるという、一連のプロセスとして理解するところからスタートする。つまり、政治（および行政活動）とは、政策内容（policies）の定式化・実施・評価と続く「政策形成（policy-making）」である。これに影響を与えるのが、政治制度（polity）、利益実現や権力掌握等を巡る政治的社会的アクターの対立プロセス（politics）、そして行政の構造であるという。しかし、高度に専門化され、機能分化した公共セクターでは、政党や議会以上に、行政官僚制組織こそがかかる Politik に影響力を与える存在である。結論的に、彼は、行政の政治的機能と政治・行政の相互依存とを与件とする“politisch-administrative-System（PAS）”が一体として考察されるべきであるとされた。その後も、行政内部の効率性や行政内部の作動メカニズムに関心を向ける、アメリカ組織理論の系譜に連なる研究は、大きな潮流を形成することはなかったのである。

さらに、七〇年代中葉からは、上述の政府・行政機構改革が失敗に終わったことと、環境政策に代表される社会民主党（ＳＰＤ）／自由民主党（ＦＤＰ）政権の新規諸政策が各地で期待された成果を挙げなかったこととが相俟って、行政研究の関心は、「執行の欠缺（Vollzugsdefizit）」の構造を解明する政策インプリメンテーション理論へと移っていく。その結果、七〇年代から八〇年代では、「ドイツでは、行政学を指す場合に Verwaltungswissenschaft という用語が用いられた。しかし、それは Public Administration ではなく Public Policy を意味する」(24)といわれたのである。

さて、ここで、アメリカ行政学や政策科学への傾斜という特徴が、どの程度マインツ行政社会学に見いだせるかが問題となる。彼女の場合、アメリカへの留学経験があるため、初期の組織社会学関連の文献にはアメリカの影響が濃厚であった。事実、六〇年代の文献には、古典的組織理論から人間関係論を経て現代組織理論に至る、アメリカ組織理論の系譜を辿ったものもある（Mayntz 1963; Mayntz 1964）。また、彼女が、実証性を重んじる中範囲の理論としての構造――機能主義や社会心理学アプローチ、あるいは官僚社会学に関心を寄せた背景には、留学先（コロンビア大学）の社会学者マートン（R. K. Merton）の影響を読みとることができる。

しかし、当時のアメリカの組織理論に、マインツが無批判的だったわけではない。彼女は、現代組織理論がシステム論に傾斜したことから生じるその非歴史的性格や、組織の発生理由や機能といった問題を問うことなく、組織を独自の意思を持つ有機的な存在として措定する点を、その問題点として挙げている。そしてなによりも、「組織社会学の考察対象が個々の組織」であることから生じる視野狭窄、すなわち、組織環境に関心を向ける場合でも、「あたかも内側から外側をみたような組織に〝とっての（für）〟環境にとどまる」（Mayntz 1968b: 33）ことを指摘している(25)。かのヴェーバーが官僚制理論を構想する場合に社会全体の「支配（Herrschaft）」構造を視野に入れていたごとく、彼女も組織論的視座と全社会的視座との結合の必要性を指摘するに至っている点には、ウェーバー社会学の流れを汲むドイツ特有の巨視的アプローチを看取することができる。例えば、「黎明期」において彼女が構想した政府・行政組織の構造改革案には、当時の組織社会学の研究アプローチに対する反省のうえで、「組織の効率性に代えて、組織活動が社会に与える帰結を考察の中心に据え、この帰結を規定する、かの構造的・手続的な組織の諸要素を体系的に探求する」（Mayntz 1968b: 33）学問的姿勢が反映している。

また、「発展期」にマインツが精力的に研究した政策インプリメンテーション論や「成熟期」の政策ネットワーク論の背景に、アメリカの政策科学（Policy-Science）があったことは容易に想像できる。しかし、後の論述でも明らかになるように、マインツは、あくまで彼女が置かれていたドイツの政治・社会環境からもたらされるインパクトを主要な契機として理論を構想・展開した。また、ドイツ固有の視点を探究してやまない彼女の姿勢は、例えば、社会制御理論を背景に一般理論化を試みる政策インプリメンテーション研究（Mayntz 1980a; 1983a）に典型的にみることができる（詳細は、第一部第三章を参照）。近年でも、彼女は、政策ネットワークを単なる政策過程の記述モデルとして用いるのではなく、現代の政治・行政システムに特有のガバナンス形態を析出するツールと捉える、ドイツ特有の〝マックス・プランク学派（Max-Planck-School）〟の代表格として、英語圏でも認識されるに至っている（詳細は、第一部第四章を参照）。(26)

三　最後に、ドイツ行政学の再興をもたらした第三の原因は、ドイツ学術振興協会（Deutsche Forschungsgmeinschaft, DFG）やフォルクス・ワーゲン財団（VW-Shiftung）などによる研究支援体制の拡充である。当初、ＤＦＧは何ら研究支援の重点を定めない形で資金助成を行っていた。しかし、徐々に政治・行政研究に重点をおくようになり、例えば、一九七二年には行政科学的な研究グループなどに財政支援を行っている。七〇年代後半からは、「執行の欠缺（Vollzugsdefizit）」問題に取り組む政策インプリメンテーション研究の後援に力が注がれた。そして、それはマインツ編集による『政治的プログラムのインプリメンテーションⅠ・Ⅱ』(Mayntz 1980a; 1983a) などに結実している。また、比較的最近では、マインツらによる連邦レヴェルにおける大規模な統治エリート調査 (H.-U. Derlien und Mayntz 1988; Mayntz & H.-U. Derlien 1989; Mayntz & F. Neidelhardt 1989; Mayntz et al. 1990; H.-U. Derlien & Mayntz 1991) が、ＤＦＧの財政支援を受けている。

次に、後者が重点的に支援したのは、主として実証的な手法を用いる行政科学、とりわけ社会学的志向を持つ行政研究であった。これは、前者でしばしば採用された改革志向のアプローチとは対照的に、主として伝統的な社会学的官僚研究や、ネオマルクス主義的なアプローチによる研究が支援された (Mayntz 1976a: 338)。マインツも、規制政策に関する行政文化の比較研究 (Mayntz et al. 1982・未見) では、同財団の支援を受けている。

このように、「専ら大学での基礎研究と学術機関による研究テーマ・プロジェクトの自律的決定を特徴とした、大学、ＤＦＧ、そして民間財団による研究助成という従来の図式は、各省等国の行政機関が固有の研究財源を徐々に多く有して自ら研究助成を行い、その研究テーマをも決定(27)」してきた。このように、ＤＦＧなどの財団による財政支援もまた、ドイツ政治・行政学を進展させる大きな原動力になった一方、そのありかたにかなりの影響を与えた。

結果として、一から三で検討した三要素は、ドイツ行政学界に実証志向の行政学を生み出すきっかけを与え、同時にその性格を今日まで規定し続けている。マインツの場合、アメリカで組織社会学理論や政策科学を学び、各種の行政改革に関与し、そして財団の研究助成を受けつつ研究を進めたことからして、上述した諸要因のいずれからも大なり小なり影響を受けている。したがって、彼女の行政社会学を検討することは、同時に現代ドイツ行政学の有する積極的な意義及びそれが直面する課題を浮かび上がらせることにもつながるのである。

そこで、次節では、第二章以下でマインツ理論の展開を跡づける際の導きとなる、彼女の行政社会学体系について論じることが課題となる。

第二節　マインツ行政社会学の体系

本節ではまず、マインツの「行政社会学」というコンセプトがいかなるものであるかを取り上げ、行政法学を母学とする従来の「法学的行政学（Verwaltungslehre）」との差異を明らかにする（＝一）。これをもとに、彼女がいかなる行政社会学体系を構想しているのかを解明すべく、主著『行政社会学』（Mayntz 1997b＝マインツ 1986）を繙き、分析する（＝二～三）。これに加えて、マインツ『行政社会学』における方法論的な特質にも言及しよう（＝四）。最後に、第二章以下の予備的考察として、『行政社会学』段階での彼女の学問的課題をあらかじめ提示しておくことにする（＝五）。

一　彼女のいう行政社会学（Verwaltungssoziologie）[28]とは、一言でいえば、「行政を社会学的観点（soziologische Sicht）から取り扱う」（Mayntz 1997b: 1＝マインツ 1986: 3）ものである。もちろんこの定義だけでは、いかなる方法論が念頭に置かれているかは判然としない。そこでまず、マインツは、社会学的な考察方法の特性を明確にするため、行政を対象とする他の学問との異同を問題にしている。

彼女によれば、歴史学者、法律学者及び経済学者の視点との区別には、特に問題はないとする。これらに比して困難と考えられるのは、行政社会学的考察方法と、行政科学（Verwaltungswissenschaft）、政治学あるいは法学的行政学（Verwaltungslehre）のそれとの峻別である。

これについて、マインツは率直に答えている。「行政の取扱いに関する社会学、行政科学、政治学との間には、体系的に基礎付けられた差異は存在しない」（Mayntz 1997b: 2＝マインツ 1986: 4）。マインツは行政社会学を構想する上で、それが行政という社会現象を取り扱う学問分野として排他的に存在せねばならないとは考えていない。むしろ彼女は、学問分野の外部からの影響に対する「開放性（Offenheit）」を重視し、行政研究が「学際的な」作業領域になることを認めている（Mayntz 1976a: 337）。

そこで、「誤って無意識的に、上述した社会科学に属する隣接諸分野と真正面から対立することのないよう、本書［『行政社会学』］の考察方法を社会学的（soziologisch）というよりは、むしろ社会科学的（sozialwissenschaftlich）と名付けるのがより正確であろう。これによって、政治学、社会学あるいは行政科学が、それぞれの方法で行政という対象を取り扱ってきたことが否定されるわけではない。その相違は、体系的にではなく、単に歴史的にのみ説明される」（Mayntz 1997b: 2＝マインツ 1986: 4. なお、括弧内筆者）と彼女は述べている。彼女が、七〇年代中葉以降、自らの職業について“Soziologin”ではなくたいてい“Sozialwissenschaftlerin”と答えていたのは、かかる認識によるものである――「私の職業的アイデンティティーは、主として一定のテーマやアプローチ（すなわち実証的な社会研究）にあり、特定の学問分野（Fach）への社会的帰属性［例えば、特定の学会］によってではない。……私は社会学と政治学との間で自覚的選択をしてこなかった」（Mayntz 1998c: 283. なお、括弧内筆者。同種の指摘として、Mayntz 1996c）――。

また、法学的行政学との相違については、「単純化していえば、法学的行政学は、実践的な認識関心（Erkenntnisinteresse）を持って規範的な方法を採用する。そしてそれは、形式的な観点――配分された任務、公式に確定された組織構造、人事選抜の規則など――を取り上げる」。これとは対照的に、上述の社会科学の諸学問は「むしろ理論的な認識関心を追求する。そして、経験に基づいた因果関係に関する言明を行おうとし、公式的な規則の当為構造というよりは、むしろそれとはしばしば異なる事実上の社会的諸過程を取り上げる」(Mayntz 1997b: 2＝マインツ 1986: 4) と彼女は述べている。

二　さて、『行政社会学』(Mayntz 1997b＝マインツ 1986) では、様々な行政社会学上の問題設定を一つの体系にまとめる方法として、三つの分析次元が示されている。

第一の分析次元では「観点 (Perspektive) の選択」が問題になる。社会学的な研究対象は、行政全体あるいは官庁 (ないしその類型) でありうる。前者の分析可能性は、システム的観点 (Systemperspektive) と称されている。ここで行政は、社会システムを構成する一つの部分システムとみなされる。これに対し、後者のそれは組織的観点 (Organisationsperspektive) と名付けられうる。ここでは個々の官庁あるいは官庁類型が、社会学的にいえば管理組織 (administrative Organisation) と呼ばれる独自の種類の社会的構成単位 (Gebilde) として分析される。

次に、第二の分析次元に際しては、ミクロレヴェルとマクロレヴェルという分析次元が用意されている。前者の分析次元に該当するのは、公務員、その態度と行動パターン、及びそれらを規定する要因である。後者の分析次元はさらに二分され、①管理システム (administrative System) ないし個々の管理組織の特徴と、②これらの単位の環境 (Umwelt) ないし外部関係に関するものが取り上げられるという。

最後に、分析次元の第三番目は、行政社会学の理論的アプローチ (Ansatz) に関わる。マインツは、認識関心や学問的接近方法の異なる二つのアプローチ、すなわちシステム論的・機能的観点と、より歴史的で権力現象を取り扱う政治的な観点とを等しく考慮する必要があるという。今日の社会学では、二つの観点が相互補完しあうことが必要だという認識が行き渡っており、そしてこのことはかなりの程度、行政の社会科学的考察にもあててはまる、と彼女は述べている（Mayntz 1997b: 8-11＝マインツ 1986: 11-13）。

これら三つの観点により構成される行政社会学の体系とは、一体いかなるものであろうか。マインツは――「一望困難（unübersichtbar）」としながらも――行政社会学が取り扱うべき個別テーマ領域として、以下の四分野・領域を区分している。具体的には、

① 公務員制度（Personal）（採用、キャリア、態度及び行動形態など）、
② 行政組織、
③ 行政活動（法律案作成、計画、政策実施活動など）、
④ 外部（政治、学界、利益集団、市民）からの統制ないし影響力の行使

である（Mayntz 1976a: 337; 1976b: 1745-1750）。『行政社会学』の章編成でいえば、①は第六章：行政における公務員に対応し、システム論的観点からミクロレヴェルにおいて議論される。②は第五章：行政組織が該当し、システム論的観点からマクロシステムの構造的特徴に着目して立論が構成される。③は第七章：本省行政の構造・過程・諸問題及び第八章：執行行政の構造と過程の一部にあてはまり、組織論的観点からミクロレヴェルで分析がなされる。そして最後に、④は第四章：行政と政治及び第八章の最終節に配置された行政と市民の箇所で、マクロな社会システムとの関係で検討が行われている。非常に簡略化していえば、三つの分析レヴェル（行政のマクロ・システムのレヴェル、個々の組織レヴェル、公務員個人というミクロ・レヴェル）において主としてシステム論的観点から行政を考察するという構想である。

三　彼女の「行政社会学」という構想は、ルーマンをはじめおおむね好意的な見解によって迎えられた[29]。しかし、中には、行政学テキストを著してもいるレッヒェラー（H. Lecheler）のように、厳しい批判を加えるものもある。彼の批判をてがかりにして、マインツ行政社会学体系の特徴をさらに析出してみよう。

レッヒェラーは、『行政社会学』の初版に寄せた書評で、次のような書き出しでマインツに批判の矛先を向けている。曰く、「レナーテ・マインツは、はじめから行政（öffentliche Verwaltung）に取り組んではいない。彼女の関心は、……あらかじめ〝行政の社会学〟を包括的に記述することに向けられている。そのような試みは、かなりの学問的欠陥を穴埋めするであろう――もしその試みがうまくいけばの話であるが！。法律家の観点からすれば、これを肯認することはできない[30]」。

彼の疑問点は本書の全編に及んでいる。そのうち、本書の以下の内容にとって興味深い二点だけをピックアップしよう。

第一の批判は、行政の社会学的考察と他の（例えば、法律学的な）考察方法との相違が不明確ではないか、という点である。第二の批判は、構成上の問題として、本書で各論（Sonderproblem）として取り扱われている第七・八章の諸問題は、総論部分である第一章から第六章といかなる関係に立つかが不明だ、という点である。

まず第一点について。彼女のいう行政社会学も、決してフォーマルな組織を軽視するものではなく、法律学的な考察方法との差異はいわば「アクセントの違い」（Mayntz 1997b: 3＝マインツ 1986: 5）に過ぎないのかも知れない。しかし、その「違い」は、ティーメ（W. Thieme）やレッヒェラーらの法学的行政学に対する関係で、実は極めて重要な意味を有する。このことを、他ならぬレッヒェラーの著『行政学』の第七章：行政統制を例にとって説明してみよう。

彼は行政統制を論じる際の「出発点」を、他の箇所と同様に「行政統制が画されている法的枠組（Rahmen）」

に据える。これに引き続いて彼は、「法秩序によって予定された統制可能性が、現代国家の諸要請や学問の認識状況にどの程度合致しているのかについて、簡潔に評価することにする(31)」と述べる。具体的には、裁判所による行政統制、基本法及び各州憲法に定められた各種の行政統制、会計検査院による財政統制、行政の内部統制などについて説明が加えられている。行政統制には、本書全体の約五分の一の頁が割かれているが、いずれも法律条文の解説・説明が大半である。他方、行政統制の問題と密接に関係する筈の行政責任について、著者の関心は非常に稀薄である。もちろん、行政統制が制度的統制に限られるとすれば、行政統制とは別個に行政責任を論じる意義はほとんどないであろう。伝統的な説明に従えば、責任とは統制に適切に対応することだからである。しかし現代国家においては、行政官は単に規律・命令に従うだけではもはや不十分であり、専門技術的知識・経験を背景に公益を実現すべく積極的に行動するよう期待されている。そして、各種の（しばしば矛盾・対立する）行政統制に自律的に対処することが必要となる。これが行政官の「能動的責任」、「非制度的責任」さらには「自律的責任(32)」であり、制度的統制論には包摂されぬ行政学的意義を持っている。

このように、ドイツ行政学における一方の潮流である法学的行政学は、規範的・制度的考察にかなり傾斜している。その結果として、制度の背後に潜んでいる行政の本質構造への洞察に欠けてしまう。したがって、マインツが自らの学問的スタンスを「行政学（Verwaltungslehre）」ではなくわざわざ「行政社会学（Verwaltungssozio-logie）」と称するのは、ドイツにあってはそれなりの意味がある。

第二点目について。『行政社会学』の第七章で取り扱われている本省行政の構造・過程及び第八章の対象である執行行政は、マインツが七〇年代以降関心を傾注したテーマではある。しかしそれ以上に、彼女は——法律の執行を原則として州が固有の事務として担当する、ドイツの連邦制をある程度念頭に置きつつ——幾つかの行政レヴェルの区別に応じて、第六章までで総論的に取り扱った行政を、さらにもう一度横断的に把握しようとしたのである。彼女によれば、様々な行政機能は、それぞれ一定のレヴェルに重点的に帰属する。そのため、行政活動・内容と行政組織のレヴェルとが関連性を有している。例えば、法律や計画策定などのプログラム開発（Programmentwicklung）が本省組織、政策実施活動が下位レヴェルの行政組織に対応する。さらには、政治・学術機関・圧力団体などとの関係は本省行政である一方、市民との関連は下位の官庁、というようにである（Mayntz 1976a: 337; 1997b: 85, 211＝マインツ 1986: 87, 203）。また、執行行政については、「政治」の領域には委ねられぬ「行政に固有の機能」（Mayntz 1997b: 43＝マインツ 1986: 46）だと彼女が考えるからに他ならない。

四　いずれにせよ、行政の社会学的ないしは社会科学的考察といっても、これといって彼女独自のオリジナルな方法論が構想されているわけではない。実際、彼女が初期の段階において主として依拠してきたシステム理論とは、システムの目的達成（Zielwirklichung）あるいは（及び）自己保持（Selbsthaltung）の観点からその機能的条件を論じる古典的な構造――機能論である（Mayntz 1964: 102–103; Mayntz 1968a: 27–28; Mayntz 1969: 453–454; Mayntz & F. W. Scharpf 1975: VII）。ただマインツは、「組織を単に社会的役割のシステムないし制度化された価値、あるいは規範のシステムとして分析しようとすれば、具体的組織において重要な大部分を看過せざるを得ないであろう［例えば、一見規範にしたがった役割行動に見えるが、実は独自の利害状況に端を発する行動］」（Mayntz 1963: 43. なお、括弧内著者）とも述べている。したがって彼女は、個人の活動の主体的意味を考慮する点で、古典的な社会システム論とは一線を画す姿勢を明らかにしてはいる。

しかし、（特にパーソンズの）システム論が多方面から厳しい批判を浴び、そこから、今日、様々な社会学の学派が台頭しつつある。もちろん、これらの方法論に行政現象の解読に援用されうる余地があるのかは判然としないが、少なくとも、今なお構造――機能分析を墨守することはもはや正当化されない。

また、一般に指摘されるように、構造―機能主義は、あくまで社会が比較的安定した状態にあるときのみ通用するパラダイムである。社会がますます多様化・複雑化し、それと連動する形で価値観の多元化が進行した現代のポスト産業社会においては、自律性を重視した社会理論の構想をせまられる。そのため、中枢制御を欠いた機能的部分システムの相互作用によってマクロ秩序が構成されるメカニズムの理論化が焦点となってくる。したがって、今日の変動してやまない社会の動態性を適確に描写する理論をもとに、行政社会学をいかに構想・展開するかは、マインツ学説の「発展期」及び「成熟期」の主たる課題となってくる。この点でいえば、一昨年急逝したルーマンのオートポイエシス・システム理論――彼に関していえば、あるシステムが他のシステムを制御(Steuerung) することはそもそも不可能であり、行政の経済・社会への制御活動（例：行政による景気誘導）が首尾いくことなどあり得ないとする――との対決は避けて通れない。

五

以上述べたことからすれば、マインツの展開する行政社会学は、少なくとも「黎明期」から「発展期」の段階では「まだ端緒についたばかりである。したがって、統一的な理論的アプローチも、経験に裏付けられた学説の統一的体系も、そして、非常に重要な行政社会学的な諸問題に関する実証研究も、十分に持ち合わせていない」(Mayntz 1997b: 6＝マインツ 1986: 7) といわなければならない。そこで彼女としては、行政社会学の発展段階を踏まえて、差し当たり学 (Lehre) の目的として、様々な分析アプローチ、散在する経験的研究及び既存の理論的考察を、できる限り体系的な方法で述べることが急務だと考えている。そのような既存の成果を体系化できれば、個別の問題をより大きな理論的な問題と関連づけることができ、経験に裏付けられた知識の欠陥を明らかにすることができるというのである。

このように『行政社会学』の段階では、独自の理論的構想の展開に重きを置いておらず、秩序だてた記述に徹しているという意味では、マインツはいたって「謙抑的」(Mayntz 1997b: 6＝マインツ 1986: 8) である。

むしろ、彼女の力点は、行政社会学の問題設定を体系的に展開し、それと同時に、行政社会学的な個別的問題にさらに取り組むための統合的な分析枠組を提示しようとする点に置かれている。従来のドイツ行政学では、一体、いかなるコンセプトで行政学体系を構築するのか、あるいはいかなる相互関連のもとで個別的テーマが論じられるのかが明確にされてこなかった。また、行政学体系が構想される場合でも、極めて抽象度が高い議論にとどまったり (ルーマン)[33]、さらには行政学が単に政治学の「一部 (Teil)」[34] として取り扱われる場合には、学としての体系化が当初から断念された (シャルプフ)。したがって、行政学の体系を明快に提示するマインツの『行政社会学』は、ドイツ行政研究の中でも稀有な部類に属するのである。ドイツと同様「喪失すべき自己のない」(西尾勝) 我々にとって、マインツ行政社会学の検討が示唆に富む所以である。

さて、次章では、マインツ行政社会学理論についての一応の見取り図をもとにして、「黎明期」におけるマインツ行政社会学の諸成果を分析の俎上に載せることにしよう。

(1) E. Forsthoff, *Rechtsfragen der leistenden Verwaltung*, 1959, p. 63. 本書の紹介として、参照、塩野宏「紹介・エルンスト・フォルストホフ『給付国家の法律問題』」同『公法と私法』(有斐閣、一九八九年) 二九一頁以下。

(2) この時期のドイツ行政学については、参照、A. v. Mutius, Einführung in die Verwaltungslehre, in: Mutius (ed.), *Handbuch für die öffentliche Verwaltung I*, 1984, Rn. 14-15; W. Thieme, *Verwaltungslehre*, 4. Aufl., 1984, Rn. 55-58.

(3) F. M. Marx (ed.), *Verwaltung: Eine einführende Darstellung*, 1965. なお、マルクスの行政理論に再び光を当てようとする文献として、参照、牧原出「『省庁体系』に関する一考察」季刊行政管理研究八七号 (一九九九年) 三頁以下。

(4) 例えば、参照、F. Ossenbühl, Die Weiterentwicklung der Verwaltungswissenschaft, in: K. G. A. Jeserich et al. (eds.), *Deutsches Verwaltungsgeschichte V*, 1987, p. 1159; Thieme, *op. cit.*, Rn. 59; ders., Die Entwicklung der Ver-

waltungswissenschaft, in: J. H. Kaiser (ed.), *Verwaltung und Verwaltungswissenschaften in der Bundesrepublik Deutschland*, 1983, p. 39; Mayntz 1997b: 5-6＝マインツ 1986: 5. 邦語文献では、参照、ヘルムート・ヴォルマン（縣公一郎訳）「西独における『政策研究』の発展系譜とアプローチ方法」日本行政学会編『年報行政研究二五・比較行政研究』（ぎょうせい、一九九〇年）二五二頁以下。

（5）なお、これら以外にも、ドイツ行政学の進展を促した原因に、シュパイヤー行政大学院の創設や、行政学部を擁するハンブルグ大学・コンスタンツ大学をはじめとして各大学に行政学講座が設置されたことなど、行政教育制度の確立が挙げられることもある。なるほど、こういった行政学の「制度化」がその自律性に対して与える影響が大きいことは、西尾勝（「行政の概念」西尾『行政学の基礎概念』（東京大学出版会、一九九〇年）五二頁）や今里滋（「行政学と行政教育――アメリカ行政学における『一体性の危機』の制度的側面（一）――」法政研究五一巻三・四号（一九八五年）六三頁以下）が指摘するとおりである。しかし、ドイツでは、ラウフバーンへの採用を志願する者が受けなければならない準備勤務――「修習（Ausbildung）」といわれる――や準備教育後のラウフバーン試験、さらには採用後の研修（Fortbildung）のなかで行政学が占める地位は、法学に比べて今なお圧倒的に低い（参照、築島尚「戦後ドイツにおける高級官僚人事の一側面」東京都立大法学会雑誌三九巻一号（一九九八年）三五七～三五九頁、ブリューメル（木佐茂男訳）「ドイツ連邦共和国における公務員の養成・研修の現状と諸問題」自治研究六九巻五号（一九九三年）二〇頁以下、人事院管理局法制課『西ドイツ連邦官吏のラウフバーン制度』（一九八五年）一〇頁以下）。そのため本書では、ドイツにおける行政教育制度の拡充を、本文中の四要素と並ぶ理由として掲げていない。

（6）戦後ドイツの行政改革を概観するものとして、参照、W. Seibel, Verwaltungsreformen, in: K. König/H. Siedentopf (eds.), *Öffentliche Verwaltung in Deutschland*, 2. Aufl., 1997, pp. 87-106; J. J. Hesse/Th. Ellwein, *Das Regierungssystem der Bundesrepublik Deutschland*, 7. Aufl. Bd. 1, 1992, pp. 319-334. 邦語文献として、参照、縣公一郎「戦後ドイツの行政改革概観」片岡寛光編『国別行政改革事情』（早稲田大学出版部、一九九八年）一四九頁以下。

（7）Hesse/Ellwein, *op.cit.*, p. 320.

（8）成田頼明『西ドイツの地方制度改革』（良書普及会、一九七四年）八八頁。

（9）R. Koch, Verwaltungsforschung im Perspektive, in: Koch (ed.), *Verwaltungsforschung im Perspektive*, 1987, p. 15.

（10）Th. Ellwein, Verwaltungswissenschaft: Eine Herausbildung der Disziplin, in: J. J. Hesse (ed.), *Politikwissenschaft und Verwaltungswissenschaft* (*PVS-Sonderheft 13*), 1982, p. 38.

（11） W. Jann, Politikwissenschaftliche Verwaltungsforschung, in: K. v. Beyme (ed.) *Politikwissenschaft in der Bundesrepublik Deutschland* (*PVS-Sonderheft 17*), 1986, p. 213.

（12） BT-Drucks. 7/2887, p. 81.

（13） D. Schimanke, Verwaltungswissenschaft und Verwaltungsreformen in der Bundesrepublik Deutschland, in: K. König et al. (eds.), *Öffentliche Verwaltung in der Bundesrepublik Deutschland*, 1981, p. 437; Ch. Wilkes, Die Reform der Ministerialorganisation, *VerwArch.* 80 (1989), p. 461.

（14） 当時のドイツの公勤務法制改革に関する邦語文献として、参照、築島尚「ドイツの公勤務法改革と官僚人事制度」日本行政学会編『年報行政研究三四・行政と改革』（ぎょうせい、一九九九年）一四五頁以下、塩野宏「西ドイツ公勤務法の改革問題」同『行政組織法の諸問題』（有斐閣、一九九一年）八四頁以下。

（15） Studienkommission für die Reform des öffentlichen Dienstrechts, *Bericht der Kommission*, 1973.

（16） 両者による当時の共同研究の状況については、Mayntz 1999a: 187 がよく伝えている。

（17） 註(10)であげた文献のほかにこれを指摘するものとして、参照、Becker, *op. cit.*, p. 68; J. J. Hesse, Staat, Politik und Bürokratie —— Eine Einführung, in: Hesse, *op. cit.*, p. 14.

（18） F. M. Marx, Stand der Verwaltungswissenschaft, in: Marx, *op. cit.*, p. 46.

（19） N. Luhmann, *Theorie der Verwaltungswissenscaft*, 1966.

（20） 西尾　勝「行政理論と組織理論」西尾・前掲書註(5)六一頁以下、同『行政学』（有斐閣、一九九三年）二五頁以下。

（21） 例えば、参照、手島孝『アメリカ行政学』（日本評論社、一九六四年）。

（22） Jann, Politik und Verwaltung im funktionalen Staat,in:Jann et al. (eds.), *Politik und Verwaltung auf den Weg in die transindustrielle Gesellschaft*, 1998, pp. 253-280; Jann, Lehren von privaten Sektor —— Bedrohung oder Chance ? Oder: Wer hat Angst vor Public Mamagement, in: Jann et al. (eds.), *Öffentliches und privates Management*, 1998, pp. 11-51.

（23） F. W. Scharpf, Verwaltungswissenschaft als Teil der Politikwissenschaft, in: Scharpf, *Planung als politischer Prozeß*, 1973, pp. 9-32.

(24) W. Jann, Verwaltungswissenschaft und Managementlehre, in: S. v. Bandemer et al. (eds.), *Handbuch zur Verwaltungsreform*, 1998, p. 52.

(25) 今村都南雄『行政学の基礎理論』（三嶺書房、一九九七年）一七七頁以下は、ウェーバー理解と関連して、マインツの組織社会学批判を紹介している。

(26) D. Marsh, The development of policy network approach,in: Marsh (ed.), *Comparing policy networks*, 1998, pp. 7-9; T. A. Börzel, Different conceptions of policy networks, *PA* 76 (1998), p. 260.

(27) ヴォルマン・前掲註(4)二五八頁。なお、同論文二六〇頁も参照せよ。

(28) 「レナーテ・マインツの行政社会学体系」として取り上げるものは、原則として『行政社会学』(Mayntz 1997b＝マインツ 1986）のそれをさす。『行政社会学』は、初版（一九七八年）以降二回改訂された（八二年と八五年）たが、その改訂は字句の訂正と統計資料の差し替えにとどめられている。第四版（九七年）では、第四版のための序文を付しただけである。よって、ここで検討する「体系」とは、本書が示す分類でいえば、さしあたり「黎明期」から「発展期」にかけてのそれであると理解されたい。

(29) 例えば、参照、N. Luhmann, *DÖV* 31 (1978), p. 818; R. Wahl, *Die Verwaltung* 13 (1980), pp. 515-519; H. König, *DVBl.* 100 (1985), p. 136; W. Seibel, Staatslehre und Verwaltungswissenschaft, in: Th. Ellwein et al. (eds.), *Jahrbuch zur Staats- und Verwaltungswissenschaft* 2 (1988), pp.415-416; G. Püttner, *NVwZ* 2 (1983), p. 25.

(30) H. Lecheler, *AöR* 105 (1980), p. 489. なお、傍点筆者。

(31) H. Lecheler, *Verwaltungslehre*, 1989, p. 215.

(32) 参照、西尾・前掲書註(20)『行政学』三五一頁以下。

(33) Luhmann, *Theorie der Verwaltungswissenschaft*.

(34) Scharpf, *Planung als politischer Prozeß*.

第二章　マインツ行政社会学の「黎明期」

はじめに

ルーマンがかねてより強調するように、システム論においては「システムと環境との関連性が考察の中心[1]」である。行政システムにとっては、社会（Gesellschaft）のありよう及び両者の関わり合いが重要となるはずである。仮に、行政の存在理由が、社会（の部分システム）が本来の機能を発揮するよう適切に管理・制御することに求められるとしても、行政が社会をあるべき方向へと制御することなどそもそも可能なのであろうか。もし可能であるとすれば、行政はいかなる仕組みを通じて社会制御を行うのであろうか。

マインツは、七〇年代以降一貫して行政の「社会制御（Steuerung）」機能という観点に特化して行政現象を考察するという視角を保ち続け、すでに前章でみたように独自のマックス・プランク学派を形成してきた。本書では、かかる立場を「社会制御の行政学」と呼ぼう。

だが、その分析対象は、常に固定されていたわけではなく、分析理論のバージョン・アップに応じて変化がみられる。きわめて単純化していえば、彼女の関心は、当初、行政組織や公務員制度など制御主体である行政内部に向けられたが、後に行政と社会との接平面（とりわけ政策の実施過程）に、そして最終的には行政を含む(部分的）社会システムへと視座を移動・拡大させていった。本書は、このような観点から、マインツ行政研究の軌跡を、その核心を構成する社会制御理論の変化に応じて「黎明期」（一九七〇年代前半）・「発展期」（七〇年代後半〜八〇年代前半）・「成熟期」（八〇年代後半〜九〇年代）に三区分している。

このうち、本章の課題は、彼女が「黎明期」において世に問うた文献の検討を通じて、彼女の行政社会学理論を体系的に整序することにある。

さて、ドイツの著名な学術雑誌『行政（Die Verwaltung）』の一九七六年第四号に掲載された『一つの実験の終了（Ende）』と題する一篇の論文。その書き出しに曰く、「一九七五年一二月三一日をもって、〝連邦政府及び連邦行政の構造改革に関するプロジェクト・グループ〟はその作業を終えた――それも、何のセレモニーも公式上の解散決定もないままである。ここに、行政内部ではそれまで試されたことのない新しいタイプの作業方法ゆえに、政治家、学者及び行政実務家に多大なる関心を呼んだ一つの組織的実験が終りを迎えた(2)」。設置当時には、PRVRはドイツのブラウンロー委員会とも呼ばれたが、当初の期待感に比して、その終焉の迎え方はなんと惨めなことであろうか。

本章ではまず、PRVRが設置されて以降のドイツにおける行政改革の経緯を辿る。そして、彼女がいかなる問題意識をもって委託研究に取り組んだのかを読取る（＝第一節）。次に、その鑑定書及びその後の著作の中において、マインツがシャルプフと共に構想した「能動的政策（aktive Politik）」の理論、及びこれに依拠する連邦政府・行政の組織改革案を紹介・検討する（＝第二節）。これを踏まえて「能動的政策」というコンセプトに基づいた組織改革論にいかなる問題点が潜んでいたかを剔抉しよう（＝第三節）。

第一節　ＰＲＶＲ設置からその第三次報告までの経過

⑴　一九六〇年後半以降のドイツ行政組織改革

一　すでに述べたように、当時の連邦政府は政府及び行政の構造的改革こそ、今日及び近い将来に連邦政府に課せられる要請に応えるための必須の条件となったと考えていた(3)。そのような改革が、長期的にみて上昇傾向にある人事コストを限度内にとどめておく唯一の手段であると認識されていた。

このような要請を受けて、まず一九六七年には、連邦宰相府（Bundeskanzleramt）に旧西ドイツ史上初めて「計画スタッフ（Planungsstab）(4)」が置かれた。この計画スタッフの目的は、連邦宰相府による独自の政策開発能力の向上である。しかし、スタッフの能力が不足していたこと、ライン組織との協調性が欠落していたことや執政部の支援が不十分であったことなどから、すぐさま行き詰まってしまった（Mayntz & F. W. Scharpf 1975: 118)。

しかし、この制度が本格的な行政改革のきっかけを当時の政治・行政実務にもたらしたことだけは確かである。当時のＳＰＤの党首ブラント（W. Brandt）は連邦宰相キージンガー（K. G. Kiesinger）に書簡を送り、連邦政府の包括的な再編成を要求している。これを契機として、政府・連立与党の交渉が重ねられ、その結果として、六八年九月に「連邦政府及び行政の構造改革のための内閣協議会(5)」が設けられた。この協議会が指令を出す形で六八年末にＰＲＶＲ(6)が設置された。

二　ＰＲＶＲは一九七五年に活動を停止するまで三次にわたる報告書を作成している（第一次：六九年、第二次：七二年二月、第三次：七二年一一月）。もちろん、これらの報告書の内容に立ち入ることは本書の意図するところではなく、また第一次報告書についてはすでに日本でも紹介されている。(7) そこで、以下では、第二節で検討するマインツ＝シャルプフの「能動的政策」に関する理論からかなりの影響を受けている、第三次報告書までの経緯を簡単に取り上げることにする。

第二次報告書以降の作業は、一九六九年のブラントを首班とし、外交問題を含め「改革政権」を標榜するＳＰＤ／ＦＤＰ連立政権樹立を背景として進められることとなった。その当時、第一次報告が省庁の再編成に十二分に考慮されるなど成果を上げ、ＰＲＶＲにはさらなる期待が寄せられていた。ＰＲＶＲは、同年一一月に「政治的な全体構想を練り上げ効果的に実施する、よりよい人的・組織的な条件を整備するために、必要な調査と包括的な改革提言に向けた準備を行う」べしという委託を受けている。

しかし、座長や構成メンバーが変更されたり、あるいは補助的スタッフの拡充などが行われた後は、改革に向けての統一的な目標設定にゆらぎが見え始めた。ＰＲＶＲ内部にも、自らの役割についての見解対立が顕在化しつつあった。この状況に決定的打撃を与えたのが、連邦宰相府による早期の調整のために、内閣の承認を要するあらゆるプログラムについて各省に報告を義務付けるシステムの導入である。連邦宰相府が、この新報告システムで収集された情報に基づいて――各省に事前に協議をしなかったばかりか、情報提供すら行うことなく――新たな中期政府活動プログラムを提示するや否や、各省は猛反発した。結局、宰相ブラントはこの撤回を余儀なくされ、改革をリードしていた連邦宰相府長官エームケ（H. Ehmke）は、七二年の連邦議会選挙後再任されなかった。その後、宰相府の役割は幾分穏やかに再定義されることとなった（Mayntz 1980e: 165-166）。

したがって、第三次報告書に至る段階では、ＰＲＶＲはこれまでの問題状況を意識せざるを得ず、政府全体のレヴェルに通じる改革にはいささか「懐疑的」（Mayntz & F. W. Scharpf 1973a: Vorwort）となった。それ故、ＰＲＶＲの関心は各省レヴェルの組織改革に徐々に移行し、個々のプロジェクト作業に熱心に取り組むようになったのである。

三　第三次報告書の策定段階では、ＰＲＶＲは、計画業務の強化がもたらす新たな機能的要請に、各省機構が対応できるための条件が何であるかを検討した。すなわち、「部課の業務分掌を再配分することによって、伝統的な各省のライン組織をプログラムのカテゴリーに適合するよう再構成する」（Mayntz & F. W. Scharpf 1975: 108）ことである。第三次報告書作成までにＰＲＶＲが取り上げた主要な論点を列挙すれば、各省の内部組織の改善、各省間画定の再検討、横断的組織の導入や省際的な共働作業及び政治的計画の試験的導入であった(8)。このうち、デアリーン（H.-U. Derlien）(9)によれば、ＰＲＶＲの議論に最も影響を与えたのが、マインツ及びシャルプフが中心となって一九七二年六月にまとめた『本省組織におけるプログラム開発』である。

(2)　ＰＲＶＲの活動へのマインツの参画

一　マインツは一九六〇年代までは組織社会学を専門とし（例えば、当時の代表的著作として、Mayntz 1963; Mayntz 1968）、日本行政学でも「西独の組織社会学界を代表する一人(10)」として紹介されることがある。しかし、彼女がいかなる経緯からＰＲＶＲに鑑定書の作成を委託され、いかなる問題意識を持ってこの作業を先導し、そして連邦行政組織の改革に関する鑑定書を提出するに至ったのかは、公表された文献からは明らかではない。ただ、以下で引用する彼女の言葉から、いかなる学問的姿勢に基づいて彼女がＰＲＶＲの活動にコミットしたのかだけは十分明らかになる。

「私は、政策に関するある研究の際に、政策形成に関する官僚制の機能について極めて規範的な構想(conception) を比較的容易に展開しうると感じた。この構想は、実際に連邦官僚制に存する諸条件と比較すれば、組織改革について一定の提案を行いうる構造的必要条件を引き出すことを可能にした。この応用理論を用いる際に基礎に置かれた価値前提は、政府の指導能力は強化されるべきだという確信である。そしてそれは、一定の条件で一定のシステムを維持する必要性に鑑みれば、正当化されうる要請である」(Mayntz 1977a: 60)。[11]

この主張の背後には、当時のＳＰＤ／ＦＤＰ政権下における改革志向の政治家・各省官僚とマインツらとの「改革連合」[12]が潜んでいるように思われる。七〇年代に入ってからの行政研究は、政治・行政からの需要の高まりに対応して、改革志向の研究スタイルをとることが多かった。ただその際、政治・行政実務としては、社会科学者の知見を「単にアリバイあるいは正統性を付与するためにではなく、実務上の意図から」(Mayntz 1978a: 46) 真摯に受け止めようとしていた。これにより、政治・行政のシステム及びそのアウトプットを合理化しようと考えていた。これが、後に「政治の学問化 (Verwissenschaftlichung der Politik)」(Mayntz & F. W. Scharpf 1973a: Vorwort) と揶揄される事態に他ならない。

マインツは、政治・行政には価値に関する争いが必然的に伴うことを理由に、政策形成者に対する助言に禁欲する〝価値自由〟主義者の態度を厳しく糾弾する。たしかに、社会科学者の抱く規範意識 (prescription) は、単に経験的知識のみならず――明確に提示されなくても――何らかの価値前提にも基づいている。それ故、あらゆる理論は価値から自由ではない。しかし、実際には、究極の価値についての議論はまれである。そして、政策形成者と科学者との間に暗黙の目標に関するコンセンサスが存在している限り、実際上は政策形成者への助言を行う妨げにはならない、とマインツは反論するのである（Mayntz 1977a: 60）。主張の当否はさておき、ここに我々はかの国における研究者の社会的地位や彼らの実務に対する意識の高さを認識せずにはおれない。

二　また、この『本省組織におけるプログラム開発』についてのプロジェクト・グループには、アメリカの政策理論や計画理論に通じ、ＰＲＶＲの発足以前からその解散まで積極的に関与していた政治学者シャルプフが参画していた。この点からすれば、マインツは、一方でシャルプフの計画・調整理論を積極的に受容しつつも、他方で組織改革に関する場面では、従来から取り組んできた組織理論や官僚制論の知見をもとに諸提言を行ったと推測される。したがって方法論には、主たる態度として、組織理論を、官僚制組織の一類型である行政組織に応用する点に特徴がある（Mayntz 1976c）[13]。したがって、彼女の基本的な方法論的スタンスは、行政を考察対象としたものの、それ以前の組織社会学におけるそれとさほど変わりない。本書がこの時期のマインツ行政社会学を「黎明期」と位置付ける理由は、ここにある。

以上が、六〇年から七〇年代前半における「改革オイフォリー」（ピュットナー）[14]の概観と、これに相対した当時のマインツの学問的態度である。もちろん、前に示した「改革連合」の社会背景と、彼女がその過程で展開した理論の善し悪しは全く別物である。早速、「能動的政策」テーゼの検討に移ろう。

第二節　「組織」と「政策」の理論

(1)　「能動的政策」の理論

一　「黎明期」におけるマインツ＝シャルプフによる行政研究のスタンスを「社会制御」という観点から特徴づけるとすれば、「制御主体である政治システムの社会制御能力（Steuerungsfähigkeit）の開発」と表現することができよう。社会国家観の浸透、急速な経済発展、景気変動や経済活動に伴う公害など、六〇年代から七〇年代にかけてのドイツ社会経済が置かれていた状況は、政府・行政組織が社会経済現象に単に消極的・対症療法的・事後的に対応するのではなく、むしろ積極的・事前予防的・自律的な「政策」を展開することを求めていた。

そこで、マインツらは、ＰＲＶＲからの委託研究等のなかで、社会環境の変動に対して自律的・能動的な政策（マインツらはこれを「能動的政策（active policy /aktive Politik）」と表現する）を産出できる政府・行政組織内部の編成は、いかにあるべきかを構想した。逆にいえば、かくのごときアウトプットを阻害する制約（例えば、政策形成システムの構造や作動様式）とはいかなるものかを考察した（Mayntz & F. W. Scharpf 1975: VII）。つまり、彼女らは、一定の「政策」を産出する政府・行政組織のありようという観点から、「政策」と「組織」の連関メカニズムを探ろうとした。

その際、方法論として、マインツ＝シャルプフは前示の構造——機能アプローチ（第一章第二節**四**）を選択する。「このアプローチは、経験的な分析に関する規範的な評価基準を明示することを可能にする。……我々の規範的な評価基準とは、……高度に発達した現代社会においては、政治的サブシステムによる社会・経済システムの積極的な方向づけ(direction)が、システムの生き残る基本的な条件になってきたという確信である」(Mayntz & F. W. Scharpf 1975: VII)。社会・経済的な発展によって生じる複雑な問題処理は、以前より政治の任務であった。しかし、現代の状況がかつての時代のそれと明らかに様相を異にするのは、一見無関係であるが、しかしシステムの遠隔的効果として相互に連関する社会的病理が存在することである。これら諸問題に対応するには、単に受け身的・対症療法的・場当たり的な措置ではもはや不十分であり、システム自体の崩壊のきっかけを与えずにはおかない。したがって、社会発展に伴って生ずる問題や危機を場面ごとに処理しようとする試みは、通常、政治システムの用いうる手段や、活動可能性に対して過度な要求を行うこととなる。それ故、政治システムに対する要求は、事前予防的・自律的・能動的に社会経済を制御できる性質を備えた政策の開発に向けられる。政治システムには「システム動態の知識」、すなわち来るべき将来の予測を可能にする知識を用いた政策開発が急務だと彼女らは述べるのである(Mayntz & F. W. Scharpf 1975: 10)。この政策こそ、マインツ＝シャルプフのいう「能動的政策(active policy/aktive Politik)」である。

二　彼女らによれば、「能動的政策」の定義は、さしあたり政策プログラムの成立・射程距離・目標設定に関して特徴付けられ得るとして、以下の六つの観点を提示している。第一に、「自律性を備えていること。つまり、外部によって決定されたプログラムではないこと」である。第二に、能動的政策が開発される前提として、執政部がすぐ後で述べるプログラム開発(Programmentwicklung)を制御し、その内容を政治的に決定できることが挙げられている。つまり「政治の優位」あるいはもっと精確にいえば「執政(Leitung)の優位」である。第三に、能動的政策とは、インクリメンタルな射程距離にとどまらないプログラムであることである。第四として、「長期的なタイムスパンで構想されたプログラム」たることである。第五には、「単に環境受容的ではなく、所与

表1：受動的政策と能動的政策

より“受動的”	← プログラム →	より“能動的”
他律的な決定 官僚による決定	プログラムの成立 ←　　　　　→	自律的な決定 政治部門による決定
限定的，短期的	←　射程距離　→	包括的，長期的
環境順応的，組織的利益のみに配慮	←　目的設定　→	環境変更的，非組織利益にも配慮

出典：Mayntz & F. W. Scharpf 1973b: 123

の社会・経済発展の傾向や、経済成長過程を……制御し改革する環境変更的なプログラム」であることである。そして最後に、「組織化されていない利益までも考慮しうる（Mayntz & F. W. Scharpf 1973b: 122-123; Mayntz 1997b: 187 (note 10)＝マインツ 1986: 199）」ことである。

このような「能動的政策」と対照をなす「受動的政策（reaktive Politik）」との差異を図示すれば、表1のように整理できる（Mayntz & F. W. Scharpf 1973b: 123）。

三　ところで、この「能動的政策」を開発しうる主たるアクターは一体誰か。これに対する答えによって、すぐ後で検討する「能動的政策」実現のための改善策に大きな違いがもたらされるだけに、主体の検討は不可避である。マインツ＝シャルプフは、連邦レヴェルの政府及び本省行政（Ministerialorganisation）に絞って論じる方が適切だとする。彼女らは、その理由として二点を挙げている。

第一に、全ての政策のうち圧倒的に多くの部分は、実現されるためには形式的に拘束力をもったプログラムに転換することが必要となる（いわゆる「プログラム開発（Programmentwicklung）」）[15]。プログラム開発とは、具体的には、法律（改正）案の作成・法規命令及び行政規則の作成・計画策定などを指す。つまり、このプログラムを通じた最も包括的な規制権限が、連邦レヴェルに存する点である。

第二に、特に本省行政についていえば、連邦における政策発案の大半が本省行政の課（Referat）レヴェルに由来するためである。また、本省行政の全活動のうち、部局によって差異はあるものの、おおよそ三分の一の時間をプログラム開発に費やしているためである(Mayntz & F. W. Scharpf 1972: 38; Mayntz & F. W. Scharpf 1973b: 117; Mayntz & F. W. Scharpf 1975: 63, 67; Mayntz 1984a: 179)。マインツ＝シャルプフによれば、「連邦政府の省間構造を理解するには、より伝統的なスタッフ――ライン組織というよりは、むしろ不完全なマトリックス構造という観点から解釈されるのがおそらく最も良い」(Mayntz & F. W. Scharpf 1975: 46；参照、Mayntz 1979a: 634）のである。これは、立法権限は主として連邦が担当するが、逆に行政権は主として州の任務とされており、その結果、連邦が原則として自らの下位官庁を持たない「連邦と州との垂直的分業」(Mayntz 1997b: 183＝マインツ 1986: 177）構造に起因する。連邦行政は、日本における地方支分部局のごとき政策実施部門を担当する下位官庁を、原則として保有しない。したがってマインツ＝シャルプフによれば、プログラム開発における連邦政府・行政レヴェルの能力向上は、いくら相対化しても、能動的政策にとって重要であり、かつ探究するに値する前提なのである。(16)

四　上で述べた意味における「受動的政策」からより「能動的政策」へ政策の変更がなされる場合、解決困難な幾つかの問題が発生する。その解決・克服こそ「能動的政策」実現の前提をなすはずである。(17)マインツ＝シャルプフは、「能動的政策」実現を阻む要因として、政治・行政システムの外部に起因する要因と、その内部に存する要因とを区別する。そして、前者の大枠的な制約を受けつつも、後者については政府・行政組織改革を通じてなお改善可能であるとする。

彼女らは、後者に関連する「能動的政策」実現の前提として、以下の四点を指摘する。第一に、効果的な財源投入を可能にする財源の再配分である。第二に、問題発見・処理・具体的対応の過程において、行政自らが政策開発のために積極的に情報を収集・処理しうることである。第三に、プログラム開発における調整（Koordination）能力の充実である。そして第四に、政府・行政の内外に発生するコンフリクトを規律する能力の改善である（Mayntz & F. W. Scharpf 1972: 38-39; Mayntz & F. W. Scharpf 1973b: 123-124）。これら四つは、より「受動的政策」がより「能動的政策」に移行すればするほど、その改善の必要性がそれだけ増大する。この諸前提を可及的に充足すべく構想されているのが、(2)で紹介・分析するマインツ＝シャルプフの本省行政についての改革案である。

(2)「能動的政策」に対応する行政組織

一

マインツはこれら四つの政府・行政システムの内部に存する諸制約を踏まえつつ、三つの観点から、「能動的政策」に対応する行政組織のあり方を探っている。具体的には、①所管の課及び部といった行政内部の基礎的組織単位（Basisorganisation）、②各局の協働の形態（Kooperationsmuster）及び③執政組織（大臣、次官及びそれを支える執政部のスタッフ）である。以下では、第三節で行う批判的検討のため、マインツ＝シャルプフの展開する組織改革論を、順次解剖してみよう。

マインツの組織改革に関する基本的な問題意識は、ドイツ行政機構において当時一般的であった〝古典的本省行政モデル〟の有する欠陥に向けられていた。〝古典的本省行政モデル〟とは、具体的には、三つの相互に関連する要素からなる。その第一は、基礎的行政単位が、比較的小規模の課から構成されることである。その第二は、中間管理レヴェルが上下間の伝達機能及び調整機能だけを行うことである。そして、その第三は、執政レヴェルにおけるスタッフ機能が充実していないことである。したがって、これらの結果として、プログラム開発が分権的・ボトムアップ的に行われる。そして、最終的には、上述した「能動的政策」の各要素と相反する効果を、構造的に政策決定過程にもたらすというものである。そのため、政治・行政システムの問題処理能力を向上させる、政治的意思決定組織の改善が構想された。

二　基礎的行政組織の強化（Mayntz & F. W. Scharpf 1973c: 207-211）

ドイツの連邦レヴェルの省における課は、通常、その規模が非常に小さいこと（たいていは四〜五人）を特徴としている。具体的にいえば、一人の課長（Referent）、一人ないし数人の課長補佐（Hilfsreferent）、及び一人あるいは複数の主任（Sachbearbeiter）から構成され、通常は記述した順の三層構造を形成するという（Mayntz 1997b: 189＝マインツ 1986: 182）。課長が課の業務や部下の行動に完全に責任を負うために、新しい業務に対処しようとする場合には、課の人員規模を増大させるよりは、むしろ課の数を増大させる傾向が生まれる。さらに、課の数が五つ以上になれば、部長（Unterabteilungsleiter）が置かれ、局長（Abteilungsleiter）の統制スパンを縮小させようとする。このような組織構成は、各課が連邦のプログラム開発を担当する際に、幾つかの関連する問題点をもたらす。

まず、課の権限が非常に狭く画定されているために、研究が要される、あるいは大規模なプログラム開発の場合には、情報処理能力が限界に至る。次に、人員移動がフレキシブルではないために、いざという時に余剰のマンパワーを動員できない。この結果として、課の構成員を所管横断的な作業グループやプロジェクト・グループに派遣することが困難であったり、視野狭窄により所管横断的な任務に対して尻込みする。逆に、他の部局からそのような業務引き受けが申し出られた場合には、これを拒絶する傾向にある。

そのため、マインツ＝シャルプフは、まず第一に、マトリックス的配置をとる現在の課を統合してより大きな基礎的行政単位（五〜八人）を創設する必要があると提言している。いわば、〝小部屋主義〟の〝大部屋主義〟化を図ろうとするものである。ただし、課の規模拡張だけでは有効ではなく、これと密接に関連して内部組織や作業態様の大幅改革が必要であるとも彼女らは付言している。さらに、規模拡張された課の人員が、局の内部的にも外部的にもフレキシブルに活動できることが望ましいと主張する。例えば、具体的な権限を個人ではなく、形式的に課に配分する。そして、ある程度の重要性を有する継続的任務は二人の人間に共通して配分され、一人の人間が担当し責任を負いつつも他方の人間に情報が提供され、その任務を何時でも引き受けることを可能にさせる。また、課の構成員は、自らの課に呼び戻されるまでは、時期に応じてプロジェクト・グループに参画したり特別の業務に携わったりする。以上のような改革案はいずれも、増員することなく人員を柔軟に配置し、任務増に対応できることを目指している(18)。

第二に、第一の改革案に対応する形で、課長のコントロール・スパンに修正を施す。その当時、課長は事細かに課の構成員に介入し、政治的に重要な任務は自ら引き受けることが常であった。しかし、改革案によれば、統制のスパンを縮小するために課長は管理任務（Leitungsaufgabe）に専心し、具体的業務についての責任を構成員に委任することが提唱されている。

第三に、中間的な指導部レヴェルと局の組織についてである。マインツ＝シャルプフは、より大きな問題群や特別な要請に柔軟に対応するには、五〜八人の課でもなお小さい行政単位であるという。そのため、人的柔軟性を確保するためには、課の構成員を期限付きで隣接する課の構成員にせよ、という提案を行っている（〝局レヴェルでの課のマトリックス構造〟）。また、中間レヴェルにおける管理機能の充実のためには、局長の下に一人の事務職員とならんで、二人の課長クラスの人間から構成される小さなスタッフ組織を設置すべきであると述べている。

三　各局の協働の形態（Mayntz & F. W. Scharpf 1973c: 212-213）

二で述べた改革を通じて、局を効果的

なプログラム開発の行政単位にし、局相互の画定が任務統合という観点から吟味されていれば、局レヴェルではすでに述べた諸欠陥が克服されることになる。残るのは、業務が一つの局を上回る際に、プログラム開発が分業的であるにもかかわらず、「能動的調整（positive Koordination）」——シャルプフによれば、「専門的な情報や内容上の性質を犠牲にすることなく、広く及ぶ問題関連群を一度に解決する、すなわち包括的な解決を可能ならしめる」[19]調整をさす——が果たして（そしていかにして）実現可能かという問題である。

この問いに対し彼女らは、プロジェクト・グループの存在を前提に、三段階の改革案を展開する。第一に、プロジェクト・グループがまず分析レヴェルでできる限りのプログラムの選択肢を抽出し、その構成員が各局・課の政策領域におけるその実現要件を検討し、その効果を評価できるようにする。第二に、最終的決定段階では政治的観点が介在せざるを得ないために、プロジェクト・グループを政治的決定に関与させるようにする。そして第三に、実施段階において、プログラムが各部局の意向に沿わないことが判明した場合には、プロジェクト・グループの構成員が本来の部局に戻り、そこでのプログラム開発に責任を持つようにする。あるいは、プロジェクト・グループの長を執政部に直属する調整受託官（Koordinationsbeauftragte）に任じ、その職務に当たらせることが考えられると述べている。

四　執政部の組織の強化

（Mayntz & F. W. Scharpf 1973c:214-221）　マインツ＝シャルプフによれば、ここで述べる執政組織の強化は、なにもアメリカ的な大統領補佐機構の拡充を念頭に置くものではない。彼女らは、執政組織の強化はあくまで二で述べた、より柔軟で活動能力ある基礎的行政組織を前提としている、とわざわざことわっている。恐らくこのような言動は、すでに述べたＰＲＶＲの諸提言が各省の権限や自律性を脅かすものとして受けとられることを慮ってのことであろう。最後に、執政組織の強化についての具体的な提言内容に立ち入ってみよう。

マインツ＝シャルプフは、本省で行われるプログラム開発において執政部が今後果たすべき役割として、以下の四種類を措定する。第一には、専門部局で企画立案されるプログラム開発に対する制御（Steuerung）の強化である。第二に挙げられているのは、領域横断的なプログラム開発の導入、その制御及び政治的支持である。第三は、プログラム開発活動の制御手段としての組織及び人事機能の積極化である。そして最後に言及されているのが、継続的プログラムを審査する手続の導入、その制御及び政治的支持である。マインツらは、これらの機能を担うスタッフ組織を、執政レヴェルにそれぞれ設けることを提言している。行政組織上の位置付けについては、業務配分計画（Aufgabenplanung）・組織・人事・財政計画・プログラム評価に携わるスタッフが執政部に帰属する。これにとどまらず、スタッフは、横断的な任務及びサービスに携わる局（Querschnitts-und Dienstleistungs-stab）にも組織上組み込まれる。彼らは、そこで情報収集やサンクションを加える機会に関わる。スタッフの長は、次官や関連する局長と共に、大臣を長とし、プログラム開発の制御のために設置される「プログラム委員会（Programmausschuß）」において密接に共働する、というものである。

五　以上を要約すれば、マインツ＝シャルプフの基本的コンセプトは、

①「能動的政策」という理念的な政策モデルを議論の出発点に据え、←

②これを充足するための幾つかの機能的要件を抽出し、←

③　諸制約の中でこれらの特徴をできる限り実現する構造的要件＝組織改革を三つのレヴェルで提言する、別の言い方をすれば、こうした組織改革の実現を妨げる一定の構造的諸条件を摘出する、

というものであった。

彼女らの議論で興味深い点は、彼女らが一九七〇年代初頭に展開した上記の議論が、現代組織理論の系譜に連なる、組織の日常的な〈作動〉を理論化するのではなく、それより時代を遡ったギューリックらの世代に類する、組織のいわば〈編成〉理論を構想したことである。また、組織と政策とを連関させて捉える彼女らの姿勢には、――明示してはいないものの――組織理論にいうコンティンジェンシー理論[20]の影響が窺われる。

このように、マインツ＝シャルプフの立論は、連邦の活動システム（action system）が展開すべき「能動的政策」という非常にマクロな次元から始めつつも、行政組織論の中で改革構想を細かく分節化することに成功している。とりわけ、ドイツ行政組織における政策決定の分権性・漸進性の根源であった基礎的行政組織の問題性を剔抉し、そこを起点として組織改革論を展開した点は、彼女らの最大の功績である。アメリカ行政学や日本行政学では、古典的組織理論の欠陥を指摘し、組織の意思決定ないし行動など組織の動態面を強調する余り、〝編成〟理論としての組織理論を十分展開せずにきた。しかし、組織編成の在り方――公式組織の構造――への洞察を欠いた組織の動態分析は不完全にならざるを得ない。その意味で、マインツらの組織編成理論は――いささか図式的かつ素朴だとの批判を免れまいが――非常に新鮮である。

また、上述のような彼女らの主張には、（行政）組織の意思決定過程に関する通俗的な理解への批判が込められている。従来のドイツ政治学・行政学は、ナチスが民主主義を借用して権威的体制を確立したことを重要視し、民主主義的な政治的意思形成の制度・過程に知的関心を集中させた。そのためか、従来のドイツ政治・行政学は、

政策決定の理解に関しては、執政部からのトップ・ダウンによる合理的意思決定モデルを安易に想定することが多かった。しかし、マインツらの研究はこれが誤りであることを実証した。現実の意思決定過程において、政策のイニシアティヴは、通常、専門の課からなされていることを明らかにした。

ただ他方で、連邦官僚は、過度に自律化することなく、執政部の意向を様々な方法を通じて汲み取り、政策に反映させようとする「潜在的で継続的な対話」を繰り返している。この対話過程で特別の役割を果たしているのが、局長や部長等の中間管理職である。彼らは、執政部の考えを実行可能なかたちで課長に伝える必要があると同時に、実際に課長らが行っている作業を執政部に理解可能なかたちで報告しなければならない。したがって、マインツらは、本省行政の意思決定とはトップ・ダウンでもなくボトム・アップでもない、「無言の部分はあるにせよ一種の継続的対話」(Mayntz 1997b: 193＝マインツ 1986: 185) だと定式化した(政策決定に関する「対話モデル (dialogue model)」(Mayntz & F. W. Scharpf 1975: 100-105; Mayntz 1976c: 121-124; Mayntz 1997b: 193-194＝マインツ 1986: 185-186))。この対話モデルは、イギリスの行政学者ダンサイアー (A. Dunsire) が後に展開した有名な三人一組論[21]に類似しており、彼女らの理論の先見性を証明している。

さらに、ここで言及しておかねばならないのは、上述した行政組織改革と公勤務員人事制度との関係である。なるほどマインツ＝シャルプフが適確に指摘するように (Mayntz & F. W. Scharpf 1973b: 145)、組織的・手続的な改革の実効性は人事政策によっても左右される。しかし、就任前の職業訓練や採用後の昇進に関する制度に問題を抱えつつも、政策形成に積極的に関与することについての連邦行政官僚の態度は、むしろ好意的であった。また、後に詳述するように(第二部第一章第一節参照)、七〇年代初頭には、いわゆる「官吏エートス (Beamtenethos)」にも変化がみられはじめ、連邦官吏は以前の超然的なプロシア官吏イメージから脱して、市民志向性や政策志向性、さらには利益集団志向性を強めつつあった。ただ、過度の政治化・党派化だけには依然として否定的であり続けた。そのため、「能動的政策」との関連では、公勤務員制度を巡る論点は彼女らにとって二次的なものであったように思われる。マインツも参画していた七〇年代前半の公勤務制改革（第一部第一章二参照）のなかでも、明確に政府・行政組織改革を意識したかたちで改革の議論が進められてはいない。

六　だが残念ながら、現実の政治・行政実務におけるこのような改革案の実現には、さまざまな困難が立ちはだかった。結局、マインツ＝シャルプフの影響を受けたPRVRの第三次報告書の改革案は、一部を除いて日の目を見ることのないままに終わった。ここでは、その原因のうち三点を指摘しておこう。その第一は、PRVRという（権力的基盤もない）チーム組織を通じた組織改革の遂行に無理があったという組織的・手続的問題である。第二に、オイルショックなどその後の内外の経済状況の変化により、長期的な問題処理よりは、まず短期的なそれに目を向けざるを得なくなったことである。第三には、改革の実施に対する行政官僚の抵抗や、省間に生まれるコンフリクトを過小評価していたことである。

最終的に彼女らが辿り着いたのは、『ドイツ連邦官僚制における政策決定』の「むすび」にみられる以下のような結論であった。すなわち、ドイツにおいて自ら能動的政策形成能力を増大させる現実的な可能性があるとすれば、「異なるイデオロギー志向を持ち相対立する利害関係を持つ意思決定者の中に、ゆっくりとかつ地道に政治的な構想（idea）が浸透することである」（Mayntz & F. W. Scharpf 1975: 173）。

第三節　マインツ＝シャルプフ・行政組織改革理論の検討

マインツ＝シャルプフの構想した行政組織改革案は、「能動的政策」というメタ政策レヴェルからはじまり、既存の課の改革というミクロレヴェルにまで精緻に分節されるものである。しかしここでは、改革案のすべてを逐一検討するのではなく、本書の論旨に沿う限りで彼女らの理論的エッセンスだけを抽出し、その問題点を浮き彫りにする。そのためには、彼女らの議論の出発点に据えられた「能動的政策」から取り上げることが適切であろう。

一　マインツによれば、能動的政策や受動的政策という場合の「政策」とは、「多かれ少なかれ詳細化された国家の行動指針であり、これに基づいて一定の名宛人の行動を制御しようとするもの」（Mayntz 1989: 1659）と、他の論者とさほど変わりない定義が施される。しかし「能動的」か「受動的」かで二分される類型は、恐らく彼女ら独自に構想したものである。それは、政策の内容による分類でもなければ、政策の社会に対する働きかけの態様でもない、独自のシステム論的発想からの類型区分なのである。

ただ注意すべきは、この類型が、政策それ自体、あるいは政策過程分析のために考案されたというよりは、むしろ第二節で述べた行政組織改革への梃子の役割を果たすに過ぎない点である。能動的政策の理論は、社会環境の変動に対して自律的・能動的な政策のアウトプットを可能にする政府・行政組織の編成はいかにあるべきか、という一点に向けられている。したがって、従来のローウィー（T. J. Lowi）(22)に代表される政策類型についての諸論とは異なる地平に関心が向けられている。

したがって、彼女らによって区分された能動的政策・受動的政策の二概念は、あくまで組織構想のための補助的なものである。現実に存するあらゆる政策を有意義に分類しようと彼女らが意図していたわけではない。こうした点からすれば、従来の政策類型理論と比較対照する形でマインツ＝シャルプフ理論を批判することは、あまり生産的な議論をもたらさない。そのためまずは、能動的政策論自体の検討ではなく、能動的政策の産出という理想的状況を措定して議論を展開するその方法論自体に焦点を合わせることにしたい。

二　マインツ＝シャルプフの立論は、現在の本省構造ではもっぱら受動的政策しかアウトプットできず、政治・行政システムが自らのシステムを維持するには能動的政策を開発しうる組織構造が必要だというものである。そこでは、それぞれ対極的に位置する政策概念に対応した組織編成のありかたが、静態的な形で示されるにとどまる。たしかに、彼女らは、「受動的政策」から「能動的政策」への移行が試みられる場合には、情報処理・調整・資源調達・コンフリクト解決の必要性が増大するとして、それぞれを個別に検討している。そして、すでにみたように、少なくとも情報処理と調整とに関しては、マインツらの組織再編成を通じて改善可能であるという(例えば、Mayntz & F. W. Scharpf 1972; Mayntz & F. W. Scharpf 1975: chap. 8)。だが、両者の動態的連関についての洞察及びそれらに依拠した戦略、とりわけ能動的政策に必然的に伴うコンフリクト増大への対抗戦略は、十分には展開されてはいない。これが、マインツ＝シャルプフの能動的政策→行政組織改革という構想に対する第一の批判である。

三　第二の批判は、環境と一対一対応であるべき行政組織が語られるために、行政組織の「多機能性」が彼女らの改革案に十分反映されていない点である。行政組織が日常的に遂行する業務の大半は、能動的政策よりはむしろ受動的政策に属する。つまり、行政組織は膨大な受動的政策を処理しつつ、同時に、社会環境に積極的に働きかける政策＝能動的政策を展開しなければならない。能動的政策にとっては好ましい組織形態が、必ずしも受動的政策にプラスになるとは限らない。そこには、組織原理の矛盾・衝突が不可避的にもたらされる。両者の政策タイプを、齟齬なく同時に展開しうるような最適の組織形態が選択される必要がある。したがって、組織改革とは、組織の側が、多元的で互いに矛盾しうる規準に照らして幾つかのオプションの中から一つを意図的に選択する「戦略的決定[23]」にならざるを得ないはずである。マインツらも、本省行政の改革の際にはこのような行政組織の「多機能性（Multifunktionalität）」（Mayntz & F. W. Scharpf 1973b: 130）を考慮に入れる必要があると述べている。しかし、すでに示した改革案では必ずしもこの点に目配りのきいた具体案は見いだすことができない。

四　第三に、具体的な組織レヴェルの改革案についてである。すでに述べた各部の協調の形態では、とりわけ省間の水平的調整を受動的調整から能動的調整に移行させる際に、プロジェクト・グループの活動に期待が寄せられている。しかし、現代にあっては、調整されるべき各々の政策分析が複雑さを極め、その克服には膨大な情報収集・処理が必要になる。この作業を、プロジェクト・グループという形態を通じて行うことは、現実には不可能である。そうだとすれば、コンフリクトを残さぬ調整など、およそプロジェクト・グループには到底期待できない（参照、Mayntz & F. W. Scharpf 1975: 149–150）。皮肉なことに、ＰＲＶＲという組織形態を通じた一連の政府・行政改革の失敗自体が、これを例証している。この欠陥を、執政部の補佐機構の充実（前節(2)**四**）を通じた政治的リーダーシップの強化によって補おうとする提言にも限界があり、場合によっては逆効果でもある。これらは、日本の行政改革論議における総合調整論議の空虚性を想起すれば、理解はたやすいであろう。マインツ＝シャルプフの指摘にもあるように、七〇年代においてはすでに数多くの省際委員会が設置され、そこで相互の政策協議が頻繁に行われていたという（Mayntz & F. W. Scharpf 1975: 147）。こういった自然発生的な調整メカニズムを踏まえることのない改革構想は、決して定着をみない。

五

第四に、上で述べたことと関連してさらにいえば、マインツらの議論では、彼女らの採用する構造――機能主義の故であろうか、行政環境＝社会のありようは静態的に捉えられ、しかもメガ・トレンドとして描かれるだけにとどまる（参照、Mayntz & F. W. Scharpf 1975: 1-2）。つまり、受動的政策から能動的政策への移行を要請する社会の動態性が不問に付されている。しかし、これに関する基礎的な洞察なくしては、社会を管理・制御できないのではなかろうか。後に彼女ら自身も、当時の研究の不完全性について以下のように述べている。曰く、「七〇年代前半以降、政治・行政システムに属するアクターの〝制御能力（Steuerungsfähigkeit）〟が、社会科学的政治研究のキー概念として取り扱われた。我々の当時の研究〔マインツらの行政組織改革研究を指す。括弧内著者〕では、現代社会の〝被制御可能性（Steuerbarkeit）〟という、上記の問題にとって補完的な問題は中心には据えられなかった。ネオマルクス主義的政治経済学の展開する経済的決定主義に対抗して、我々は政治・行政システムの内部的調整能力及びその制御リソースと制御情報の利用について指摘を行ったが、実際の被制御可能性を詳細に特定することは試みなかった」（Mayntz und F. W. Scharpf 1995b: 11）。なるほど、マインツは、早くから組織社会学の今後のあるべき方向として、組織現象を社会全体のレヴェルと体系的に関連づけることを挙げていた（Mayntz 1964: 118; Mayntz 1968b: 34; Mayntz 1969: 466）。しかし、この問題意識の具体化は、「発展期」以降に持ち越されることになる。

以上が、マインツ＝シャルプフの構想した行政組織改革論に対する批判的検討であった。彼女らの行政組織理論には、いくつかの理論的欠陥が確認された。しかし、その問題点と並んで筆者が興味を引かれるのは、行政組織改革の挫折の一端が、自らの提唱した理論にあると自覚したマインツが、その後、行政組織編成理論に関するどのような軌道修正を行ったかである。この問いの究明は、「発展期」以降を主たる考察対象にする次章以下で、改めて立ち入って取り組む必要がある。

ただ、ここで、あらかじめ結論めいたことをいっておけば、彼女は、この後、上述の「組織」と「政策」の理論に関して、明示的にはほとんど修正を施すことなく、別の対象（「発展期」においてはとりわけ政策インプリメンテーション研究）に自らの関心を移してしまった。行政実務からの要請に応じて自らの学問関心を移行・拡大させた結果、「黎明期」で精力的に展開されたマインツらの行政組織編成理論は、あたかも焼き畑の後の荒れ地のごとく、十分に耕されることのないまま放置された。行政実務と連動した行政改革学たるマインツ行政社会学の特徴と問題点は、ここに顕著である。

小　括

本章において、我々は、前章で述べたマインツ行政社会学体系の鳥瞰図に基づいて、「黎明期」（一九七〇年代前半）におけるマインツの諸業績、とりわけ「能動的政策」概念を梃子とする行政組織改革構想を論じてきた。最後に、社会制御理論という観点からみた「黎明期」におけるマインツ理論の特徴を抽出し、もって本章のまとめに代えることにしたい。

マインツ行政社会学の「黎明期」における特徴をピックアップすれば、以下の諸点に要約される。

①　政治・行政システムによる社会制御の問題を比較的楽観的に捉えていたこと、
②　その際の研究関心の特徴は、主として行政の組織編成及びプログラム開発構造などに向けられるなど「内部志向的」であったこと、
③　そのため、制御される対象たる社会の動態性ないし社会の被制御可能性の問題には、さほど関心を払っていないこと。

さて、マインツ行政社会学の「発展期」では、彼女が政策インプリメンテーション研究に精力的に取り組むにつれ、「黎明期」とは対照的に、行政とその環境たる社会との関係に目を向ける必要にかられ、その被制御可能性について考察を加え始めることとなる。その際には、旧来依拠していた構造――機能主義的アプローチにとって代わる新しいパラダイムが求められる。「発展期」マインツの立場を端的に表現すれば、以下のようになる。「あるプログラムの問題解決能力は、一般的かつ単純に、一定の形式的なプログラムの特徴と関連付けること［すなわち「能動的政策」を開発する一般的要件（参照、本章第二節(1)二）を同定すること］では決定されない。それは、常に特定の問題状況との関連付けを必要とするのである」（Mayntz 1982b: 78. 括弧内筆者）。無論、行政実務と連動した行政改革学たる性格は、「発展期」に彼女が関心を傾注した政策インプリメンテーション研究のありようにも深い影を落とすことになる。「発展期」以降のマインツ学説については、章を改め、論じることにしたい。

（1）　Luhmann, *Theorie der Verwaltungswissenschaft*, p. 65.
（2）　M. Lepper, Das Ende eines Experiments:Zur Auflösung der Projektgruppe Regierungs-und Verwaltungsreform, *Die Verwaltung* 9 (1976), p. 478.

(3) BT-Drucks. 7/2887, p. 4.

(4) 間田穆「西ドイツにおける連邦政府・行政の改革――PRVRの活動（一九六八～七五年）とその報告書を中心として（I・未完）――」広大総合科学部社会文化研究八巻（一九八二年）一一一頁以下。

(5) 内閣協議会の具体的協議内容については、参照、BT-Drucks. 7/2887, p. 26. 邦語文献では、参照、間田・前掲註（4）「西ドイツにおける連邦政府・行政の改革（I）」一一六頁以下。

(6) その人的構成については、参照、BT-Drucks. 7/2887, pp. 30-31; H. Schatz, Auf der Suche nach neuen Ploblemlösungsstrategien: Die Entwicklung der politischen Planung auf Bundesebene, in: Mayntz und F. W. Scharpf 1973a: 31.

(7) 間田・前掲註（4）「西ドイツにおける連邦政府・行政の改革（I）」一一九頁以下。

(8) BT-Drucks. 7/2887, p. 82.

(9) H.-U. Derlien, Ursachen und Erfolg von Strukturreformen im Bereich der Bundesregierung unter besonderer Berücksichtung der wissenschaftlichen Beratung, in: C. Böhret (ed.), *Verwaltungsreformen und Politische Wissenschaft*, 1978, p. 71 (note 19).

(10) 今村・前掲書第一章註(25)一六六頁。

(11) この一節には、PRVRからの委託調査を基礎とするマインツ＝シャルプフの論文が引用されている（Mayntz & F. W. Scharpf 1973b; 1973c)。したがって、ここにいう「政策に関するある研究」とは一連のPRVRからの委託研究であり、また「規範的な構想」とは彼女らが提唱する「能動的政策」（後述）である。

(12) ヴォルマン・前掲第一章註(4)二五八頁。

(13) 後述する「対話モデル」が展開されている Mayntz 1976c では、Mayntz & F. W. Scharpf 1975 などの実証研究をもとに「組織一般の意思決定過程の理論的再構成」（傍点筆者）が試みられている。同様の姿勢が窺われるものとして、参照、Mayntz 1997b: chap. 5＝マインツ 1986：第五章。

(14) G. Püttner, *Verwaltungslehre*, 2. Aufl., 1989, p. 274（参照、原田「公法文献研究」法政研究六一巻一号（一九九四年）一六八頁以下）。

(15) マインツの定義によれば、プログラム（Programm）とは英米にいう「政策（policy）」と同義であり、「目的及び（あるいは）多かれ少なかれ詳細な行動を指示する形態に整えられ、一定の名宛人を制御しようとする、国家による介入の意図」

(Mayntz 1988a: 148) とされる。なお、本文四八頁も参照せよ。

(16) マインツが、別の箇所で「国家レヴェルでの政策分析でしばしば用いられる『能動的』政策と『消極的』政策との区分は、地方の政治的活動を記述するにはさほど適していない」(Mayntz 1981: 11) とするのは、これを傍証する。

(17) 彼女らが言及している「制約」とは、以下の四つである。すなわち、①基本権や連邦制など憲法上の制約、あるいはＥＵ統合など「形式的・政治的な諸制約」、②現在の資本主義体制を背景とする実定法規など「形式的・経済的な諸制約」、③現実の経済成長などの「実質的・経済的な諸制約」、④ドイツにおいては連立政権が常態であり、議会は原則として四年ごとに改選であることなどの「実質的・政治的な諸制約」である。参照、Mayntz & F. W. Scharpf 1973b: 117-122. なお、この点について、W. Bruder, *Empirische Verwaltungsforschung in der Bundesrepublik Deutschland*, 1981, p. 13 にこれら上記の諸制約をまとめた図が掲載されている。

(18) Becker, *op. cit.*, p. 668 にはこれら諸点をまとめた図が掲載されている。

(19) 参照、F. W. Scharpf, Komplexität als Schranke der politischen Planung, in: Scharpf, *Planung als politischer Prozeß*, p. 86; Mayntz und F. W. Scharpf 1973b: 135-137. マインツ＝シャルプフの「能動的調整」に関する邦語文献として、参照、牧原出「計画・調整」森田朗編『行政学の基礎』(岩波書店、一九九八年) 一五四頁以下。

(20) マインツらによるＰＲＶＲからの委託研究 (Mayntz 1975a) では、コンティンジェンシー理論を批判的に摂取した研究が行われている。参照、Mayntz 1977b: 1-15.

(21) 参照、西尾・前掲書第一章註(20)『行政学』一五四頁。

(22) ローウィーの所説に関する邦語文献として、大嶽秀夫『政策過程』(東京大学出版会、一九九〇年) 二一頁以下、山口二郎「政策の類型」西尾勝・村松岐夫編『講座行政学五・業務の執行』(有斐閣、一九九四年) 七頁以下、大河原伸夫『政策・決定・行動』(木鐸社、一九九六年) 五九頁以下。

(23) Derlien, Ursachen und Erfolg von Strukturreformen im Bereich der Bundesregierung unter besonderer Berücksichtung der wissenschaftlichen Beratung, p. 76.

第三章　マインツ行政社会学の「発展期」

はじめに

一　都市補助金プログラムの政策実施過程を取り上げた一冊の書物(1)が大西洋の向こう側で大反響を呼びつつあったころ、西ドイツＳＰＤ／ＦＤＰ政権では、環境政策に代表される改革プログラムがうまく進行しないという問題に苛まれていた。その一例を挙げれば、ボーデン湖の水質改善を目的として策定された補助金プログラムが、その実施過程では汚水の浄化に寄与するどころか市町村の運河掘削に利用されていたのである。

ドイツで「執行の欠缺（Vollzugsdefizit）」と総称される問題の顕在化は、政策インプリメンテーション（Implementation）という新しい問題領域への取組みを、当時の政治・行政実務のみならず行政学にも要請するものとなった。この問題にドイツにおいていち早く着手したのが、他ならぬマインツである。専門雑誌『行政（Die Verwaltung）』の一九七七年第一号に彼女が寄せた論稿「政治的プログラムのインプリメンテーション：新たな研究領域についての理論的考察」（後に Mayntz 1980a に所収された）、及び「環境問題に関する専門家審議会（Rat von Sachverständigen für Umweltfragen, RSU）」による委託研究『環境政策の執行問題』（Mayntz u. a. 1978. そのうちマインツは第一部の総論部分を担当）をもって、ドイツにおける政策インプリメンテーション研究の嚆矢とする。実は、ドイツでは、日本に比して四、五年早く政策実施過程に学問的関心が向けられていたのである。

これ以降も彼女は精力的に政策インプリメンテーション研究に取組むこととなり（例えば、Mayntz 1978b; Mayntz 1979a; Mayntz 1979c; Mayntz 1980a; Mayntz 1983a; Mayntz u. a. 1984; Mayntz 1988a）、七〇年代後半から八〇年代前半におけるマインツ行政社会学（Verwaltungssoziologie）の一大特徴をなしている。そこで本章は、マインツ行政社会学の「黎明期」（一九七〇年前半）を取り上げた前章に引き続き、マインツ行政社会学の社会制御理論としての側面に主として着目しつつ、政策インプリメンテーション論に代表される「発展期」における行政研究の成果を検討するものである。

二　当時のマインツの問題意識から推察すれば、環境保護政策は、社会環境に対して積極的に働きかけその変動を促すという意味で、前章で詳述した「能動的政策（active policy/aktive Politik）」の典型例である。したがって、その不完全な執行に彼女が学問的関心を払うことは至極当然の帰結であった。その意味で「発展期」におけるマインツ行政社会学研究の問題意識は、「黎明期」のそれの延長線上にあるといってよい。

ただ、「発展期」においては、「能動的政策」を開発しうる政府・行政組織のありよう（すなわち政府・行政組織という「内部」）に焦点が合わせられているのではない。行政が政策を社会に対してアウトプットする際の接平《インター》面《フェイス》に着目して理論構成を試みる点に、「黎明期」との相違を見出だすことができる。いわば、「制御（Steuerung）の試みと社会独自の動態性との間の相互作用（Wechselspiel）」（Mayntz 1985a: 37）の分析に行政研究上の意義を見出だしつつあった点に、「発展期」の特質がある。したがって、そこに我々は「黎明期」とのはっきりとした分水嶺を認めることができるのである。

三　本章では、まず、ＲＳＵがマインツらに環境法令のインプリメンテーションに関する研究を委託するまでのドイツ環境政策の経緯を辿る。そして、いかなる社会環境の中で彼女が一連の政策インプリメンテーション研究に携わっていたのかを、委託研究の成果である『環境政策の執行問題』(Mayntz u. a. 1978) などの著作を手がかりに考察する（＝第一節）。次に、委託研究の成果を基礎にして、彼女が政策インプリメンテーション研究に関するいかなる一般理論を構想したかをフォローする（＝第二節）。これを踏まえて、彼女の政策インプリメンテーション理論の有する特質及び問題点を抽出する。そして、それが「発展期」から「成熟期」にかけての彼女のフレーム・オブ・レファレンスにどのような変化を惹起したのかを提示しよう（＝第三節）。

第一節　「発展期」マインツ行政社会学の背景

(1)　ドイツの連邦レヴェルにおける環境政策概観(2)

一　連邦政府は、一九六〇年代末より環境問題を内政の最重要課題の一つに掲げ、連邦レヴェルで環境保護に積極的に取り組むことを宣言した（一九六九年一〇月二八日の政府声明）。翌年の九月一七日には政府の「緊急プログラム（Sofortprogramm）」が発表され、大気汚染・騒音防止・水質保全・ごみ処理・化学物質使用・自然保護・景観保全の領域について具体的な措置が示された。またそこでは、連邦に環境保護に関する権限を与えるボン基本法の改正案も提示されている。さらに政府は、七一年九月二九日に「環境プログラム（Umweltprogramm）(3)」を策定するに至った。これがその後のドイツ環境政策の礎石をなす。

むろん、これらの目標が実現される前提として、あらゆる環境問題が体系的に研究される必要がある。そこで連邦政府は、環境保護問題についての自らの決定を学問的観点から検討させるため、「環境問題に関する専門家審議会（Rat von Sachverständigen für Umweltfragen, RSU）」の設置を決定したのであった。

二　RSUは同年の一二月二八日に設置され、一二名の環境問題の専門家から構成されていた（任期は三年）。RSUには十分な独立性が保障されており、自らの判断によって研究調査対象を選別し、環境問題全般に及ぶあるいは個別の環境保護領域に関する鑑定書を作成することを主たる任務としていた。その成果の一つである七四年の『環境鑑定書（Umweltgutachten）』においてRSUは、以下述べるようにかの「執行の欠缺」に言及している。

「多くの法学者と同様に本審議会は、環境保護法がかなりの執行の欠缺に苛まれていると考えている。……執行の欠缺の程度については明確に確定されてはいない。……環境保護の様々な個別領域における執行の欠缺の詳細や程度はもちろんのこと、その原因・理由及び執行の欠缺を除去する可能性も未だ調査されていない。いわんや、学問的に解明されてはいない。……執行の欠缺の原因を国家及び自治体の官庁に求めざるを得ない限りにおいて、［法令の執行が］行政科学的な（verwaltungswissenschaftlich）研究を必要とする重要な領域であることが明らかになる」（なお、括弧内筆者）(4)。

このような調査結果が公表され「執行の欠缺」というキーワードが人口に膾炙するや否や、環境法の執行に携わる連邦及び州の諸官庁に対して世論からの批判が噴出した。しかし、その批判は、場合によっては――つまり、首尾よく執行されればそれで問題はないとする誤った認識が広まっていたために――行政実務の側からすれば理不尽だとも感じられた。そのためRSUは、一九七四年冬から七五年にかけて環境保護における執行の欠缺についての問題分析を行い、社会科学的な研究プログラムに向けた提言をおこなった（Mayntz 1975b）。この提言では、環境保護の主要な規制領域（例えば、水、大気、ごみ処理など）にはかなり重大な、したがって調査の要ある執行の欠缺が存在し、かつそれには数多くの原因があることが指摘された。これと同時に、さまざまな環境保護領域に存する執行の欠缺の程度と範囲を体系的に研究する、包括的な研究プログラムが必要であることも示された。その研究成果の一部が、マインツを座長として纏められた『環境政策の執行問題』（Mayntz u. a. 1978. 関連して、参照、Mayntz und J. Hucke 1978）である。(5)

(2)　マインツほか『環境政策の執行問題』

一　『環境政策の執行問題』は、既に紹介したマインツの政策インプリメンテーションに関する論文（Mayntz 1980b）を理論的支柱とし、インミシオン保護（Immissionsschutz）――（通称）連邦インミシオン保護法（Bundes-immissionsschutzgesetz, 1974）――と水域保護（Gewässerschutz）――水管理法第三次法（Wasserhaushaltsgesetz in der Fassung der 3. Nov., 1974）――という二つの典型的な規制行政領域を対象とする、ドイツで初の法執行に関する実証研究である（調査時期は一九七五年～七七年）。(6) その目的は、RSUからの委託研究故、環境法令の執行に際して生じる諸障害を診断・説明し、RSUによる改革提言に寄与することに絞られていた。また、直接の調査対象としては、調査の技術的・時間的制約により、行政機関（執行に直接携わる官庁のみならず、これを統制・監督する上級官庁をも含む）に限定されている。

ただ、ここで注意すべきは、法執行過程を分析するにあたって、執行機関の行動とそれを規定する根拠とを取り上げさえすればよいとマインツらが考えていたわけではないことである。マインツ曰く、「政策実施とは、数多くの行為主体の間でなされる相互作用過程である。これに対応して、政策実施の過程やその結果を規定する要素も、単に個別に考察される執行機関の特徴のみならず、同時に、その他の重要な行為主体や、これらの行為主体システムで行われる相互作用の特徴も探求されるのである」(Mayntz u. a. 1978: 10)。

さて、調査の観点としては、以下のように区分されていた。すなわち、

(a)　執行過程の様々な部門の行為主体システムに関わるもの
①　直接執行に関わる官庁の諸特徴、とりわけその人員・組織・技術的補助手段及び彼らによる任務の理解
②　実施構造の諸特徴、とりわけ垂直的及び水平的権限配分
③　執行機関と制御・監督機能を持つ上級官庁との関係
④　執行機関と規範名宛人など実施過程に関わる行為主体との関係
(b)　その行為主体システムの外に存する要因
⑤　問題状況の諸特徴
⑥　インミシオン保護及び水域保護における法律上の手段の諸特徴

である。

二　この調査研究により、環境政策に関する連邦レヴェルの法制度は「かなり完備された」(7)と政府がその当時自負していたにもかかわらず、幾つかの欠陥が明らかにされた。
(1)　連邦インミシオン保護法については、第一に、認可申請や除去措置に際して、官庁と規範名宛人とのあい

だでかなりのコンフリクトが生じていることである。第二に、規範名宛人が許可を受けることなくしばしば施設の変更を行うことである。第三に、許可官庁が社会・経済的観点を考慮に入れて排出制限の手段を十分に行使しなかったり、あるいは法定義務の履行までの（しばしば違法な）期間を認容する。あるいは、汚染除去が経済的・技術的にみて可能だと見込まれる場合や差し迫った危険防止のためにのみ命令を発することである。そして第四には、監督・統制活動は事前予防的にはほとんど行われていないことである。マインツらはこれらの原因として、一方で人的・技術的・情報的な資源の乏しさを挙げている。他方で彼女らは、分化した執行システムの組織（許可などの法的決定権限が技術的・専門的知識を持つ官庁には与えられていないこと）や、行政内部におけるインミシオン保護担当部局の地位の低さが、効果的な法執行を困難にしている要素であることも指摘した（Mayntz u. a. 1978: 31-53）。

(2)　また、水管理法に対しては、第一に、官庁（水利署）自身による監督が法定されているところでは人員不足であった点である。それが法定されていないところでは、――水質汚濁の程度は判定困難であるため――差し迫った危険及び障害除去にのみ統制活動がなされる点である。第二に、許可手続に際して基準値が画一的に用いられる傾向にあり、法適用の柔軟性を欠く傾向にあった点である。そして、その原因としては、アクセントは幾らか異なるにせよ、インミシオン保護法領域で見出だされたものとほぼ共通することが指摘されたのであった（Mayntz u. a. 1978: 54-79）。

三　以上とは別に、本研究の学界への貢献は、広義の意味でのドイツ行政科学において初めて実証的な形で行政実務における「インフォーマルな行政活動(8)」の存在を示したところにある。かつてのドイツ行政法学は、裁判官の目から見た判例を中心とする法解釈中心主義であり、法律の執行に関与する官庁及び規範名宛人らの活動などの動態的な過程に関心を払っていなかった。マインツらの研究は、上述した法執行の実態以外にも興味深い事実を明らかにしている。例えば、施設設置の許可手続に際してはたいてい事前折衝（Vorverhandlung）がさしはさまれる。そしてそこで行政手続上の詳細が初めて明らかになり、あらかじめ仮の決定がなされることである。次に、不許可の決定はまれにしか行われないことである。そして、法的許可権限を持たない専門技術的官庁も許可決定にインフォーマルに関与している点であった（Mayntz u. a. 1978: 35-36; Mayntz 1978b: 207-208）。

(3)　マインツと政策インプリメンテーション研究

一　すでに述べたように、ドイツ行政研究における政策インプリメンテーション研究の勃興は、SPD連立政権下における各種の改革プログラムの失敗に起因する。その証拠に、この時期に盛んにケーススタディが行われたのは、環境保護・都市開発・労働雇用政策など、いずれも政府が明確な社会制御（Steuerung）の意図を持っていた内政領域であった（Mayntz 1980c: 236）。マインツ自身によって編まれた『政治的プログラムのインプリメンテーションⅠ』（一九八〇年）の中でも、彼女は以下のように述べている。

「重要なのは、インプリメンテーション研究が起こったときの状況が本連盟［七六年に設置され、本書作成のもとになったプロジェクト連盟「政治的プログラムのインプリメンテーション（Implementation politischer Programm）」をさす。参照、Mayntz 1980b: 18-19］の分析アプローチに明らかに影響を与えていることである。ここではとりわけ、実施研究がまずアメリカで、ついでドイツ連邦共和国で生じた改革政策的な（reformpolitisch）文脈を指摘することができる。政府にそもそも改革政策的な目標を設定したプログラムを開発し具体的に遂行する意思があるのか否か、かつこれが遂行可能なのかが問題である限り、政治的な自由裁量が政策内容（Politikinhalt）の選択のために用いられるのは当然である。これに対して、一九六九年のＳＰＤ／ＦＤＰ連立政権のように、政治的決定の改革政策的な意図が所与のものとされうるならば、関心は、どの程度――賞賛に値する（lobenswert）――立法者の意図がいまや現実のものとなっているのか、という問題に移行する」（Mayntz 1980b: 1-2. なお、傍点原文イタリック、括弧内筆者）。(9)

二　ただし、ドイツの政策インプリメンテーション研究の隆盛を、アメリカの政策インプリメンテーション研究の「圧倒的影響」にのみ求めることはできない。なるほど、マインツを含めてドイツの政策インプリメンテーション研究は、理論的にその一部をアメリカ行政学の諸成果に負ってはいた。(10) しかし、前章でも指摘したように、七〇年代前半における政府・行政組織に関する研究と同様、ドイツの政策インプリメンテーション研究の発展原因は、むしろドイツ行政学の置かれていた固有の政治的・社会的環境に見出されるべきである。前述した（第一章第一節**三**）ドイツ学術振興協会（ＤＦＧ）による政策インプリメンテーション研究に対する重点的研究資金配分(11)――その最大の成果が、Mayntz 1980a 及び 1983a に他ならない――や、社会科学的助言に対して当時の政治・行政実務側が抱いていた期待こそ、ドイツにおける政策インプリメンテーション研究の進展を促した主要因なのである。

三　次に、彼女自身における政策インプリメンテーション研究の位置を探ってみよう。一九七〇年代前半に政府・行政組織改革に関与するまで組織社会学の研究者であった彼女が、いかなる学問的動機から政策インプリメンテーション研究に関心を傾注するようになったのか。この点、必ずしも明らかではない。だが、環境保護などの政策領域が前に述べた「能動的政策」の典型例であり、したがってその不完全な執行に彼女が学問的関心を向

ける に至ったことは十分予想される。

これに加え、政策実施の問題は多かれ少なかれ「組織」の問題である。[12] そのために、組織社会学のバックグラウンドを持つ彼女にとって、政策インプリメンテーション研究が比較的アプローチしやすい研究領域であったと思われる。事実、彼女の政策インプリメンテーション理論の中には、組織論で徐々に浸透しつつあった「組織間ネットワーク（interorganizational network）」（Mayntz u. a. 1978: 10; Mayntz 1980c: 249; Mayntz 1978b: 201; Mayntz 1979a: 634; Mayntz 1980b: 8; Mayntz 1980d: 71; Mayntz 1982b: 86; Mayntz 1997b: 223-224＝マインツ 1986: 213-214）理論が応用されている。[13]

ここで興味深いのは、組織間ネットワーク論は、各種・各レヴェルの官庁の全体的関連性を重要視する点である。したがって、同理論が、主として個々の組織に分析対象を据える従来の組織理論（例えば、Mayntz 1963; Mayntz 1964）の枠内にとどまらない点である。つまり、彼女は、伝統的に組織社会学と呼ばれてきた理論的アプローチが行政分析に「部分的にしか適さない」と考えるに至ったのである。彼女によれば、この理由は「組織理論が個々の組織、並びにその構造及び機能に焦点を当てることと関係する。このように焦点を絞ることによる結果、組織社会学的観点からは社会レヴェル、換言すればマクロレヴェルで提起される問題に対処することが困難なのである」（Mayntz 1979b: 68-69）。ここには、伝統的な組織社会学にのみ依拠して行政にアプローチすることに限界を感じ、徐々に行政を含む（部分的）社会システムへと視野を拡大しようとする彼女の姿勢が窺われる。

さて、「発展期」マインツ行政社会学に関する以上のような背景的理解をもとに、次節では、マインツの政策インプリメンテーション理論自体に焦点を絞って論述を進めよう。そこでは、彼女が独自の理論をいかに構築したのか、彼女の政策インプリメンテーション論にはどのような問題点が見いだされるのかが中心的に論じられる。

第二節　マインツの政策インプリメンテーション理論

一　政策インプリメンテーション研究が取り上げられる際に、まず言及されるべき方法論上の論点として、いわゆるトップ・ダウン・アプローチとボトム・アップ・アプローチとの対立がある。日本における通説的な整理[14]によれば、前者の基本的特徴として、政府の公職者、しかも多くの場合中央政府の公職者による政策決定から議論を始める。そして、①実施担当職員及び対象集団の行為が当初の政策とどの程度一致しているか、②当初の政策目的がどの程度実現されたか、③政策のアウト・プット及びインパクトに対して影響を及ぼす主要な原因は何か、④政策がどのように再形成されるのか、といったことを分析する。逆に、後者の問題意識は、公私を問わず多くの組織が含まれる政策分野を選択し、その政策分野に関わる複数のアクターのネットワークを分析のスタート地点に据える。こうした上で、例えば、実際にどのアクターが計画を作り、財源を確保し、執行することに関わっていくのかを見定めようというものである。それでは、マインツの政策インプリメンテーション研究は、いずれの陣営に属するのであろうか?。

すでに述べたように、当初のドイツにおける政策インプリメンテーション研究には改革志向が顕著であった。すなわちそれは、名宛人あるいは社会環境からの観点というよりは、むしろ連邦政府あるいは立法者の観点から構想されていた。政策インプリメンテーションの研究者の多くは、改革を目指す政治的プログラムの方向性に沿う形で調査研究に取り組んだ。ヴォルマン（H. Wollmann）の言葉を借りれば、一九七〇年代前半以降のドイツには、改革志向の政治家、各省官吏及び社会科学者による「改革同盟[15]」があったといってもよい。そこでは、プログラム目的の実現が中心的な判断基準となり、首尾一貫した執行こそ望ましく、これを妨げるものは改革の要ありと考えられることになる。簡単にいえば、執行の欠缺の問題は制御する主体の側にではなく、学習能力の不十分な客体の側に求められたのである。上述の区分でいえば、これがトップ・ダウン・アプローチに該当することはいうまでもない。

しかし、エルバイン（Th. Ellwein）も適切に指摘するように[16]、彼女はこの発想とは一線を画し、トップ・ダウン・アプローチ偏重の傾向に対して早くから警鐘を鳴らしていた。彼女は「規制される市民の側からの観点（Bürgerperspektive）」をも取り入れている。さらに彼女は、「執行最前線（vorderste Vollzugsfront）」の行為主体の権力基盤（Mayntz 1980b: 12）にも着目していた。実施が首尾よくいけば、それでいいというわけではない。政策プログラムそれ自体が誤ったアプローチを採用していれば、パーフェクトな実施ですら政策目標の本来の実現を保障するものではないことを彼女は認識していた。そのため、一定の状況や目標に照らせば、「執行の欠缺」ですら「合理的」なものとして肯定的に評価可能だとマインツは考えていた（Mayntz u. a. 1978: 2; Mayntz 1980b: 13; Mayntz 1980c: 240; Mayntz 1982b: 77; Mayntz 1983d: 124; Mayntz 1986a: 10）。彼女曰く、「インプリメンテーション研究がむしろ繰り返し示してきたように、地域の状況の多様性、地域の状況に精通する必要性、プログラムの成果にとっての名宛人の消極的あるいは積極的な行動戦略など数多くの状況が、実施担当者の相対的自律や独自のイニシアティヴの必要性を肯定するのである」（Mayntz 1983b: 21）[17]。

だからといって、彼女は、単純にトップ・ダウン・アプローチに対するボトム・アップ・アプローチの優位ないし前者の排斥を説いているのではない。彼女曰く、「実施研究は、立法者からの観点を放棄するのみならず、あらゆる特定の行為者からの観点、また名宛人だけの観点からも解放されねばならない。しかしその際、実施過程及びその効果を判断するための統一的基準が失われることになる。プログラム設定者・実施者及び利害関係者の具体的でしばしば対立する利害は、一つに凝縮されうるものではない。政策過程における動態的機能としての彼らの利害の相違（Verschiedenheit）こそが考察されねばならない。分析の統一的な基準点というものは、「これらアクターに」上位するシステムレヴェルにはじめて見出だされうる。そしてそこでは実施過程の経過及び結果が、例えば、長期的なシステムの統合、システムコンフリクトの解消ないし強化、変化した環境条件への適合などに関して判断されうる」（Mayntz 1980b: 14. なお、括弧内筆者）。つまり、マインツは「システム・パースペクティブ」という独自の立場に依拠しているのである。では、彼女はこのような基本的観点をどのように具体化し、政策インプリメンテーションに関するいかなる〝一般理論〟の構築を試みたのであろうか。

二

マインツは、政策インプリメンテーション研究に取り組み始めた当初から、①実施されるべきプログラムの特徴、②実施機関の特徴、③プログラムの対象集団の特徴、そしてこれらの前提となり、かつこれらをある程度規定する④解決されるべき問題、の四つの要素が実施過程の分析にとって重要であることを示唆していた。そして、それぞれをさらに分類することで、実施過程にとって重要なアクター及び実施されるべきプログラムを特徴付けうると考えていた。すなわち彼女は、プロジェクト連盟における「複数の政策領域を通じて比較を行う議論と評価によって結論と成果の一般化能力、つまり『理論化能力』の向上をはっきりと心掛けてきた」[18]のである。以下では、まず、彼女の政策インプリメンテーションの一般理論を形成する諸要素を個々に取り上げる（以下、Mayntz 1979c; Mayntz 1980b; Mayntz 1980c; Mayntz 1983b; Mayntz 1983c; Mayntz 1988a）。

①　実施されるべきプログラムの特徴

プログラム（Programm）概念は、ドイツの政策インプリメンテーション研究においては中心的な意義をもち、実証分析の基準とされる。マインツによれば、「プログラム」とはすでに前章で述べたように英米の行政学にいう「政策（policy）」とほぼ同義に定義される。プログラムは行動目標を規定するのみならず、名宛人や実施機関を確定し、それらとその他の利害集団との間の関係を構造化する。ただし、プログラムといっても単純に個別の法律や計画などをさすのではなく、あくまで研究者の目からみて、一定の目的の連関を踏まえて人為的に構成されたものをいう。これと関連して、どこまでをプログラム開発過程とするか、どこからを実施過程と捉えるかという「範囲」[19]の問題が存する。これについて彼女は、しばしば想定される両者の区分可能性あるいは両者の時間的順序（プログラム開発→実施）は現実にそぐわないとして、プログラム概念の「脱実体化」を指摘する。さらに、実施過程と現実の過程（Realprozess）――例えば、技術・学問の進展や人間の地域的移動などの社会現象――との区別については、前者を「政治的な目標設定や、意図的にその実現に向けられた行動が存在する場合」に限定している。

この諸前提をもとに彼女は、以下に提示される支配的な手段（Instrument）の類型に対応してプログラムの類型が整理されるとしている。彼女によれば、これは「社会制御の理論（Theorie der gesellschaftlichen Steuerung）」との関連で重要と思われる、実際に広く行われている介入形態をピックアップしたものである。

・その類型として、
――規制政策（例えば、私人に対する命令・禁止）
――消極的・積極的誘因（Anreiz）（例えば、税の賦課や補助金）
――様々な行為主体間の関係を規律する手続規範（例えば、ドイツにおける労使間の共同決定法）
――行政によるインフラストラクチュアの整備
――行政による技術的・人的サービスの提供

――情報の提供および説得（例えば、教育）

・分類のための付加的次元として、
――プログラムの具体化の程度
――プログラムの時間的・領域的・物的射程距離
――プログラムの拘束力の程度
――部分規制かそれとも包括規制か？
――原因志向的規制かそれとも目的志向的規制か？（例えば、汚染物質の排出規制かそれとも汚染の除去か？）
――問題回避志向的（予防的）規制かそれとも問題排除的（治療的）規制か？

② 実施構造の特徴

マインツは政策インプリメンテーション研究にとって重要な要素として二番目に挙げた実施構造について、「プログラムを実現に移す、人為的に構想された行為主体システム」と定義する。ここでいう「行為主体」はたいてい（行政）組織をさすが、それは必ずしも国家的なものに限られない。具体的に類型化すれば、

――実施機関が存在せず、裁判所のみが実施に携わる場合
――実施機関が存在する場合
――連邦国家的な多次元構造に基づく実施
――連邦自らによる実施

という区分が採用されている。ただし、一定のプログラムに対して実施機関が選択されることは希であり、プログラムを実施する官庁などはすでに存在するのが普通である。このことは、執行機関を単に一定のプログラムを実施する機関としてみなすことを不可能にし、実施機関の置かれている社会的コンテクストに目を向けさせる。また、その任務や正当性の根拠は一般的かつ長期的であり、個々のプログラムとは無関係であることも指摘されている。

第二に、垂直的分権に関して、ドイツが連邦制を採用していることや、市町村（Gemeinde）に憲法上の存立保障（ボン基本法二八条）が与えられていることから発する問題がある（例えば、執行機関のモチベーションや志向性に原因を有する「目的のずれ」）。例えば、マインツは、地域振興政策を素材に自治体の「自由な裁量領域」の問題を研究し、現実にはこの領域が従来想定される以上に広いことを論証している（Mayntz 1981; Mayntz 1982c）。

第三に、『環境政策の執行問題』でも指摘されていた水平的調整の問題がある。これについては、行政組織のマクロシステム内部における実施機関の構造的配置が、その行動の方向性に影響を与えることを指摘している。その上で、プログラムの特性に応じた（対象集団をも包含する）実施構造のネットワーク的性格が重要視されている。

③　プログラムの対象集団（プログラムの名宛人その他の利益集団）

ここでマインツは、名宛人間や名宛人と利益集団との間の結び付きの種類・程度、政治問題化される可能性、名宛人の国家、法及び国家介入の正当性などに対する基本的考え方といった社会的コンテクスト、並びに名宛人個人に関する要素に規定されて、名宛人がそれぞれのプログラム類型に応じた行動をとることを指摘する。その名宛人のなかでも、特に組織（Organisation）が注目されている。というのは、組織は無定型の個人に比して効果的な実施を妨げる抵抗力を備えている一方、他方では十分な学習能力をも身につけているために、実施機関にとって好ましい存在でもある。そして、最終的には、名宛人の自発的な活動や自己組織能力の程度が、効果的な実施にとって中心的位置を占めることが指摘されている。

三　マインツは、以上の三要素及び「解決されるべき問題の特徴」という四要素のコンビネーションによって、プログラムの成果が左右されると結論付けている。もちろん、問題によってプログラムが〝規定（bestimmen）〟されるのではなく、逆にプログラムは問題に〝対応（anpassen）〟しなければならないとも付言している。両者の関係については、組織理論にいう前述したコンティンジェンシー理論を政策インプリメンテーション理論にも応用することを提唱する（参照、第一部第二章第二節(2)**五**）。マインツによる四要素の関係を図を用いて説明するならば、次頁のようになる。

プログラムの効果が生じたというのは、出発状況S_1がS_2に変化することである。S_1が問題として認知されたならば、S_2という状況がプログラムの目標になる。S_1からS_2への変化は、プログラムPのもとでの名宛人Aと実施機関Iとの間の相互交渉の効果として規定される。プログラムはまず、誰が名宛人であり実施機関なのかといった役割配分を決定する。つまり、プログラムは不十分・不完全ながらも行動システムを構成するのである。その内容はさらに、プログラムに規定された役割担当者の行動に影響を及ぼす。プログラムの効果にとって重要なIやAの行動は、プログラムの内容及び相互交渉パートナーの行動の特徴によって決定される。ただし、すでに述べたように、このプログラムとは無関係な状況が彼らの行動にむしろ決定的な影響を与える。以上のS_1からS_2

図：プログラムの効果に関する諸要素の関係

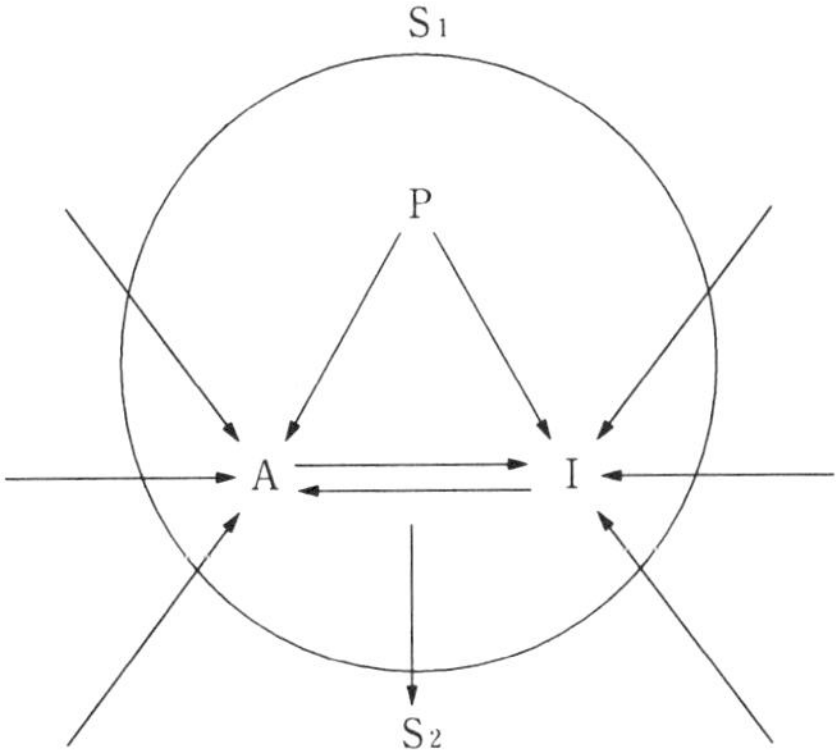

S_1：問題が認識され，プログラムによって改善されるべき出発点
S_2：目的が達成された状況あるいはプログラムによってもたらされた効果
P：プログラム　　I：実施機関　　A：名宛人　　出典：Mayntz 1983b: 18

への変化をもたらす、P・I・Aを関係づける選択肢は複数存在する。しかし、これら以外の付随的なファクターによって、その選択は左右されることになるのである。

四　以上がマインツの一連の政策インプリメンテーション研究で展開されたモデルの骨子である。もちろん、ここで展開されたマインツの一般理論は、因果連関に関する検証可能な仮説を立て、そして証明された理論を発展させるレヴェルにまで達するものではない。複雑な研究対象を取り扱う社会科学が、個々のプログラムが実施される結果として生じる効果をすべて見通し、これを説明可能にするモデルを開発することはそもそも不可能であろう。彼女は、プログラムの類型を用いて実施現象を概念的に分析し、(個々の実施過程のち密な予測に代えて)「中程度(mittler)の抽象レヴェル[20]」に属する一般的な構造パターンを提示している。

第三節　マインツ・政策インプリメンテーション理論の検討

本節では、まず、マインツの政策インプリメンテーション理論の有する特質及び問題点をピックアップする。そしてそれが「発展期」から「成熟期」にかけての彼女のフレーム・オブ・レファレンスにどのような変化を惹起したかを提示したい。しかし、その前に、マインツ編集『政治的プログラムのインプリメンテーションＩ・II』（一九八〇年、八三年）以降のドイツ行政学における政策インプリメンテーション研究の動向、及びその背景となった八〇年代以降のドイツの政治的・社会的環境を瞥見しておく。これは、その後の研究関心の方向性を予めおさえておくことで、「発展期」マインツ行政社会学の特徴をより鮮明に浮かび上がらせようとする意図によるものである。

(1)　政策インプリメンテーション研究——その後——

一　『I・II』以降のドイツ行政学における政策インプリメンテーション研究の進捗・発展動向はいかなるものであったか。たしかに、ドイツにおける政策インプリメンテーションの理論的研究は、『I』が出版される前後数年間はかなりの関心を集めた。だが、その後は幾つかのブック・レビュー的な論文やケース・ステディ[21]を別とすれば、マインツ編集の『I・II』以外には、ヴォルマン（H. Wollmann）編集の『官僚制の錯雑の中での政策』（一九八〇年[22]）を得たに過ぎない。そういう意味では『I・II』は、政策インプリメンテーション理論に関するパイオニア・ワークであり、かつ約二〇年たった今なおスタンダード・ワークなのである。

それはなぜか。幾つかの原因が考えられるが、本章の趣旨との関連でいえば、その一つには、政治・行政実務の問題意識の変遷、及びこれを自覚した（あるいは自覚するよう促された）社会科学者の問題意識の変化が挙げられよう。幾らかラフなデッサンをすれば、以下のようになろうか。

二

ＳＰＤ政権下で展開された介入主義的積極国家化は、社会行動の誘導や結果・目的志向的な社会制御を法に期待した。その反面、「法律の洪水」・「法律の爆発」・「法律の道具化」ももたらされた。これがドイツ法学界にいう「法化」[23]現象である（Mayntz u. a. 1984; Mayntz 1988a: 57）。国家がとりわけ法という手段を通じて過剰な社会制御を行う結果、社会の側に閉塞状況がもたらされたのである。これを行政のレヴェルの問題に引き移していえば、上述した「執行の欠缺」や「危機の規制政策」（Mayntz 1979c）に他ならない。議会が行政の実行可能性（Praktikabilität）を十分顧慮することなく、安易な——「改革」——プログラム策定を通じて、州及び自治体行政に加重負担を強いた結果である（参照、Mayntz 1976d）。政策インプリメンテーション研究は、これらの事実を白日の下にさらしたのみならず、政策の実施構造の動態を把握可能にしたのであった。

三

この政策インプリメンテーション研究と同時並行する形で政府によって調査研究が進められたものが、いわゆる「官僚制化（Bürokratisierung）」の問題である。ここにいう「官僚制化」とは、ヴェーバーを念頭に置きつつ従来から行政学で議論されている一般的な意味で用いられているのではない。その特徴は、上述の法律の洪水・過剰規制、及びこれによってもたらされる「市民と行政との乖離（Bürgerferne）」という問題現象との関係で論じられたことである（Mayntz 1985b: 1066; Mayntz und J. Feick 1982: 283）。当時の政府は、上述のような意味で「官僚制的」だと批判される行政活動の原因を探究し、具体的な措置を講じてこれを克服しようと考えていた（例えば、一九七八年一一月に出された「市民と政府との関係を改善する連邦政府の措置」など）。そのような危機に対処し得るのは、個々の政策領域の規制密度が縮小され、法律それ自体の欠陥が排除されるときだけであると考えられていた。そこで、連邦内務省及び連邦司法省は共同の作業グループを編成し、立法過程改善の研究に取り組み始めた。この作業にマインツも参画した。その成果が『立法と官僚制化（Bürokratisierung）』（Mayntz 1980c）である。上記の意味での「官僚制化」に対抗する「脱官僚制化（Entbürokratisierung）」の試みである。一九八〇年以降の連邦政府・行政の関心は、実施過程の改善よりは、むしろ過剰規制を抑制するための、「法律案作成の際に決定の根拠として考慮され得る判断基準の定式化」（Mayntz 1980c: 23）に向けられた。

四　この結果、政策インプリメンテーションに向けられていた関心は、一九八三年のコール率いるキリスト教民主同盟（ＣＤＵ）／ＦＤＰ連立政権誕生をきっかけに、「法及び行政の簡素化（Rechts- und Verwaltungsvereinfachung）」、「規制緩和(Deregulierung)」、「民間化（Privatisierung）」などの「行政の構造改革（Modernisierung）」の問題へと一気にシフトした[24]（これ以降のドイツにおける行政改革の動向については、本書第二部第二章を参照)。政治・行政研究者の側でもこれに呼応してか、政治・行政システムによる制御能力の限界問題や社会（の部分システム）の被制御可能性（Steuerbarkeit）という、より原理的な問題が論じられるようになった。

したがって、政策インプリメンテーション研究は、ドイツでは（第一人者であるマインツを含め）単にそれ自体が自己目的化することなく、上述の問題への取り組みを誘発する過渡期的地位にとどまったのである。そのため、マインツらの共同研究が個々には各種の問題点（例えば、コンティンジェンシー理論の行政組織への応用は、果たして、そしてどの程度可能か？）を孕みつつも、さほど批判を受けることもなく今日までそのまま通用してきたところがある。そこで(2)では、マインツが「発展期」において、行政の社会制御能力や社会の被制御可能性をどのように捉えようとしていたのかに関する限りで、彼女の政策インプリメンテーション論の主たる特質と限界を取り上げる。そして、これをもって本章のまとめに代えることにしよう。

(2) マインツの政策インプリメンテーション理論の特質

一　マインツの政策インプリメンテーション理論の出発点はプログラム概念である。したがって、彼女の理論を批判的に検討する素材として、彼女の政策インプリメンテーション理論の特徴とプログラム概念の関連性から取り上げることに異論はなかろう。

彼女によれば、プログラムは目に見えるかたちで存在しているのではなく、あくまで分析者の視点から「人為的」に構成されたものである。そして、プログラムは「実証分析の基準」となるという。また、彼女は「行政の実行可能性」を検討した著作の中でも、より精緻化されたプログラム概念を議論の出発点に据えている（Mayntz 1982a）。一見すれば、これは前述のトップ・ダウン・アプローチの考え方のように見える。

しかし、彼女は他方で、プログラム開発過程と実施過程との安易な二分論を否定する文脈の中で、プログラム概念の「脱実体化」に言及していた。また、「執行最前線」の権力基盤に言及し、組織などの名宛人側が有する独自の動態性に関心を向け、これを踏まえた改善策をとることも提言していた。「成熟期」で展開する議論をみても、彼女としては、むしろこちらの面を重視してきた観がある。この部分だけを切り取ってみれば、明らかにこれは、先述したボトム・アップ・アプローチの分析成果のようにもみえる。以上の分析からすれば、プログラム概念を出発点とする限り、ボトム・アップ・アプローチ的な観察成果を導くことはやはり不可能である。その意味で、彼女の政策インプリメンテーション理論は整合性を欠くところがある。

二　ただ、両アプローチの優劣を巡る議論では、自己の立場は理念型を修正させて対応しつつ、相手側に対しては理念型を据え、ことさら両者の対立を際立たせる悪弊がみられた。実際には、両者によって得られる考察成果はほとんど差異がないにもかかわらずである。そもそも両者は目的・観点を異にし、別個のものを強調するが、実は排斥しあうわけではない（Mayntz 1982b: 87）。また彼女は、当初から政策インプリメンテーションという概念に該当する過程に考察範囲を限定し、これだけを詳細に検討しても、適切な因果関係やその過程から生じる問題の適切な把握はできないと考えていた。むしろ彼女は、「インプリメンテーション研究は、政治による社会制御の理論に寄与するものとして考えられ、自覚的にこの文脈で研究されねばならない」（Mayntz 1980b:15. 同趣旨の指摘として、Mayntz 1983b: 23）と、行政研究に際して社会理論的な観点を導入することを提唱していた。そのためには、プログラムという国家の介入形態の分析及び類型化をさしあたり「出発点」に据える必要があった。

したがって、なるほど彼女の政策インプリメンテーション研究は、その出発点をプログラム概念に求めている。しかし、実際の考察成果においては政治による制御を困難にする現代社会の特殊な動態性を発見しつつあったために、規制・介入される側のメカニズムを一面では逆に強調する結果となったのである。それはひとえに、彼女の政策インプリメンテーション理論が有していた、社会制御理論を背景とする行政学確立への過渡期的な性格故である。マインツが「実施過程及び実施の効果を判断するための統一的基準」を、その過程に上位するシステムレヴェルに見出だしていた（システム・パースペクティブの採用）のも、この文脈においてはじめて理解可能となろう。

三　したがって、これ以外の提起されうる批判も、政策マインツのインプリメンテーション理論の「過渡期性」を踏まえた上で受けとめる必要がある。

例えば、デアリーンはマインツ理論に対して幾つかの疑問点を挙げている。まず第一には、マインツのように「組織間ネットワーク」という観点から一定のプログラムに関心を集中させると、今度は個々の官庁が同時に果たしている「多機能性」を軽視することになりはしないか、という点である。第二には、「法律の洪水」の状況下では、実務サイドですら所管のあらゆる法令に通じているわけでもなく、いかなる規範が適用されるべきかについての判断は、実際には困難な場面もある。したがってプログラムを議論の出発点に求めるのは非現実的ではないか、という疑問である。第三の疑問点は、プログラムの形式的観点に注目することは、プログラムの瑕疵を判断するために重要な実体上の政治的問題を看過させるのではないか、である。総じて彼は、マインツ理論は「インプリメンテーション過程抜きのインプリメンテーション研究」だと厳しく批判する。その理由として、「執行機構の制御の問題という内部組織上の問題が、プログラムのタイプに関する社会全体の被制御可能性（Steuerbarkeit）という観点にとって代わっている」ことを指摘する。そして、政策インプリメンテーション研究が、執行の欠缺の原因を、官僚制的な非能率性かあるいはプログラムの瑕疵のいずれかに求める限り、（マインツのように）政策評価研究と連動しない研究は説得力に欠ける、と結論付けている。(25)

これに対しマインツも、組織の任務や正当性を単なる個別のプログラムに還元してはならないことに注意を喚起していた。そして、当初より、政策インプリメンテーション研究と政策評価研究及びプログラム開発過程の研究との関連付けを強調していた（例えば、Mayntz 1980c: 239; Mayntz 1982b: 77）。ただ、いかにしてこれらをマインツ理論の中で整合的に捉えるかについては、「発展期」の段階でははっきりと提示されてはいない。したがって、彼らの観点からすれば、マインツ理論には諸欠陥が認められ、かつ修正されるべき余地が残されていることになろう。

四　ただ他方で、マインツの政策インプリメンテーション理論は、社会制御理論を踏まえた行政研究への移行期に展開されたものである。このコンテクストを理解した上ではじめて、表層的批判にとどまらないマインツ理論の客観的評価が可能になる。詳細な点を度外視すれば、マインツの政策インプリメンテーション理論の特質及び限界は、「成熟期」に機能分化に関する社会理論を背景として展開される行政研究、とりわけ政策ネットワーク（policy-networks）論との連続性に求めることができるのである。そしてその真価は、ひとえに、「成熟期」における理論の出来不出来にかかっているといえよう。

小括

本章では、マインツがその「発展期」（一九七〇年代後半〜八〇年代前半）において精力的に取り組んだ諸業績、とりわけ政策インプリメンテーション理論を紹介・検討してきた。最後に、マインツ行政社会学（の変遷）を理解するうえで最も重要と思われる、社会制御理論としての行政学という観点から「発展期」における特徴を抽出し、もって本章の結びに代えたい。

マインツ行政社会学の「発展期」における特徴をピックアップすれば、以下の諸点に集約される。

①　政策インプリメンテーション研究に精力的に取り組んだ結果、マインツの研究関心は、行政「内部」から行政と社会との接平面《インターフェイス》へと移行したこと、

②　政策インプリメンテーション研究を機に、政治・行政システムによる社会の制御という発想に限界ありと思い至ったこと、

③　その結果として、行政研究にとって社会の動態性が視野に入れられるべき問題と認識されたこと。

その後、マインツは、一九八五年のマックス・プランク社会研究所（Max-Planck-Institut für Gesellschaftsforschung, MPIfG）所長への就任を契機として、現代社会そのもののマクロ的把握に取り組み始める。そして、かの「彗星」ロレンツ・フォン・シュタイン（R. v. Stein）と同様、行政研究における「全體系を支撐する巨大な岩盤としての意味[26]」を現代社会に見出だし、これを踏まえた分析枠組を模索したのである。

（1）J. Pressman & A. Wildavsky, *Implementation*, 1973. 本章のもととなったアドミニストレーション（熊本県立大学）掲載の拙稿（本書初出一覧参照）のタイトルは、いうまでもなく同書の副題 "*How great hopes in Washington were dashed in Oakland; or, Why it is amazing that federal programs work at all ?*" をもじったものである。旧都ボンとケルンとは、特急（ICE, IC）でわずか30分足らずで結ばれているほどの近距離である。

（2）一九七〇年代のドイツ環境政策についての記述は、おおむね以下のような文献及び資料に拠っている。参照、Mayntz u. a. 1978; Rat von Sachverständigen für Umweltfragen, *Umweltgutachten 1974* (BT-Drucks. 7/2802)；O. Kimminich et al. (eds.), *Handwörterbuch des Umweltrechts II*, 1988. 邦語文献では、参照、成田頼明・阿部泰隆「西ドイツ」㈶環境調査センター編『各国の環境法』（第一法規、一九八二年）二四九頁以下。

（3）このプログラムの主要目的については、参照、BT-Drucks. 6/2710, p. 9.

（4）BT-Drucks. 7/5684, pp. 180-181.

（5）それ以外の調査結果については、参照、Mayntz u. a. 1978: 1.

（6）両法の具体的内容に関する邦語文献として、参照、成田頼明「大気汚染・騒音の規制——連邦インミッション防止法——」㈶環境調査センター編・前掲書註（2）二六一頁以下、阿部泰隆「水汚染の規制」㈶環境調査センター編・前掲書註（2）二八一頁以下。

（7）BT-Drucks. 7/5684, p. 15.

（8）代表的な文献として、参照、W. Brohm, Rechtsstaatliche Vorgaben für informelles Verwaltungshandeln, *DVBl.* 109 (1994), pp. 133-139（大橋洋一訳「インフォーマルな行政活動――法治国の変遷について――」法政研究六〇巻三・四号（一九九四年）八七頁以下）。また、ドイツのインフォーマルな行政活動に関する邦語文献として、参照、大橋洋一「行政指導の比較法研究」同『現代行政の行為形式論』（弘文堂、一九九三年）一〇三頁以下。

（9）ヴォルマン・前掲第一章註（4）二五八頁以下も、Mayntz 1980a 及び Mayntz 1983a を引きつつこの点を指摘する。

（10）参照、F.-X. Kaufmann/B. Losewitz, Typisierung und Klassifikation politischer Maßnahmen, in: Mayntz 1983a, p. 31; H. Wollmann, Implementationsforschung: eine Chance für kritische Verwaltungsforschung, in: Wollmann (ed.), *Politik in der Dickicht der Bürokratie*, 1980, pp. 9-48.

（11）この点を指摘する文献として、参照、W. Bruder, Umsetzung und Vollzug von Verwaltungsprogrammen, *Die Verwaltung* 16 (1983), p. 200. ヴォルマン・前掲第一章註（4）二五七頁。

（12）この点を指摘する邦語文献として、参照、真山達志「実施過程の政策変容」西尾＝村松編・前掲書第二章註（22）『講座行政学五・業務の執行』三八頁、同「政策実施の理論」宇都宮深志＝新川達郎編『行政と執行の理論』（東海大学出版会、一九九一年）二一五頁、同「行政研究と政策実施分析――行政研究の分析モデルに関する一試論――」法学新報九二巻五・六号（一九八六年）一一六頁。

（13）これを適切に指摘するものとして、参照、H.-U. Derlien, Implementationsploblemе: Bürokratische Ineffizienz oder politische Programmfehler ?, *VerwArch.* 75 (1984), p. 262.

（14）参照、今村都南雄「政策実施研究の再検討と課題」同・前掲書第一章註（25）二七九頁以下、畠山弘文『官僚制支配の日常構造――善意による支配とは何か――』（三一書房、一九九一年）二九頁以下、真山・前掲註（12）「政策実施の理論」二一七頁以下。

（15）ヴォルマン・前掲第一章註（4）二五八頁。

（16）Ellwein, *op. cit.*, p. 44.

（17）マインツと並んで、積極的にドイツの政策インプリメンテーション研究に携わってきたヴォルマン（H. Wollmann）も、ボトム・アップ・アプローチを強調する一人である。彼は、住宅政策を素材に、中央政府からの制御に抵抗する戦略を取る自治体の行動を「反インプリメンテーション（Gegenimplementation）」というキーワードで整理する。H. Wollmann, Implementation durch Gegenimplementation von unten?, in: Mayntz 1983a, pp. 168-196. また、そもそもトップ・ダウン・アプローチという発想が、ボン基本法が採用する連邦制と相容れないことを指摘する論稿として、参照、Derlien, Implementationsplobleme, p. 265.

(18)　ヴォルマン・前掲第1章註（4）二六〇頁。

(19)　参照、Becker, *op. cit.*, p. 461.

(20)　Kaufmann/Losewitz, *op. cit.*, p. 26.

(21)　例えば、参照、Bruder, *op. cit.*, p. 22; Bruder, Forschungsanalytische Defizite der Implementationsforschung, *VerwArch.* 75 (1984), pp. 129-142; Derlien, Implementationsplobleme.

(22)　Wollmann, *Politik in der Dickicht der Bürokratie.* 例えば、しばしば引かれるドイツ行政学のテキストでも、ドイツにおける政策インプリメンテーション研究の代表的成果として、マインツ及びヴォルマンによる編書と、マインツほかによる環境法の執行過程研究書を挙げるに過ぎない。参照、Becker, *op. cit.*, p. 461.

(23)　「法化」に関する邦語文献として、ギュンター・トイプナー（樫沢秀木訳）「法化――概念、特徴、限界、回避策――」九大法学五九号（一九八九年）二三五頁以下、樫沢秀木「介入主義法の限界とその手続化――『法化』研究序説――」ホセ・ヨンパルトほか編『法の理論一〇』（成文堂、一九九〇年）一一七頁以下。

(24)　コール政権の「行政の構造改革」については、参照、W. Jann/G. Wewer, Helmut Kohl und der "Schlanke Staat", in: Weber (ed.), *Bilanz der Ära Kohl*, 1998, pp. 229-266.

(25)　Derlien, Implementationsplobleme; Derlien, Verwaltungssoziologie, in: A. v. Mutius (ed.), *Handbuch für die öffentliche Verwaltung I*, 1984, Rn. 222. 類似した批判を行うものとして、参照、Hesse, *op. cit* ,p. 26; A. Héritier, Policy-Analyse. Elemente der Kritik und Perspektiven der Neuorientierung, in: Héritier (ed.), *Policy-Analyse* (PVS-Sonderheft 24), 1993, p. 13.

(26)　辻清明「ロレンツ・シュタインの行政学説――行政学研究への一つの緒口《ママ》として――」国家学会雑誌五七巻一〇号（一九四三年）三二頁。

第四章　マインツ行政社会学の「成熟期」

はじめに

ドイツの全国的な公的研究機構として知られるマックス・プランク協会（Max-Planck-Gesellschaft）は、戦前ベルリンに置かれていたカイザー・ヴィルヘルム協会（Kaiser-Wilhelm-Gesellschaft）を継ぐものとして、一九四八年に設立された研究機構である。同機構は、自然科学のみならず広く人文・社会科学の広い分野を網羅する、八〇以上の研究所から構成されている。一九八五年、同協会は、新たな研究所を設置することを決定した。これが、マインツを設立所長に据えたマックス・プランク社会研究所（ＭＰＩｆＧ）である。彼女自身の手による同研究所の「基本構想書（Konzeptionspapier）」には、「成熟期」マインツ行政社会学の特徴が顕著に表れている。

「高度な発展を遂げた現代社会の特徴は、組織性（Organisiertheit）、複雑性、（内的・外的な）相互依存性、資源・技術的手段の利用が十二分に浸透したことにある。これらの構造的特性に基づいて、現代社会は、かなりの程度の固有の動態性（Eigendynamik）を有している。他方で、現代社会では、有史以来類を見ぬほど、固有の発展を制御することが試みられている。ここから生じる、固有の動態的プロセスと集団的な（しかし単に中央集権的ではない！）制御の試みとの間の緊張関係が、新たにマックス・プランクに設けられた研究所の研究プログラ

ムにおける中心的テーマである」。(1)

ここには、社会を機能分化した部分システムから構成される動態的な存在と捉えつつも、政治システムによる（とりわけ行政官僚制を通じた）社会の部分システムに対する制御能力（Steuerungsfähigkeit）、及び制御客体である社会の部分システムの被制御可能性（Steuerbarkeit）を同定しようとするマインツの姿勢がみてとれる。その際彼女は、方法論的には、システム理論的な基礎から出発しつつも、明確に「行為理論（Handlungstheorie oder Akteurtheorie）」――極めて簡略化していえば、社会を観念する際、その構成要素を行為主体＝個人に求める立場――に立脚する。この点で、ニクラス・ルーマンに代表されるオートポイエシス・システム理論とは、一線を画するに至っている。

同研究所は、発足当初より、組織のミッションを明確化した研究体制がとられていた。すなわち、(1)分析の対象は、研究政策、保健政策あるいは大規模技術政策など、他の政策領域に比して十分な研究成果が存在しない「国家近接の（staatsnahe）セクター」（国家本来の核心領域ではないが、西欧産業社会では一般に国家が一定程度の責任を負う領域）に絞られていた。次に、(2)分析の方法論として、新制度論にゲーム理論を織り込んだ「アクター中心の制度論」（Mayntz & F. W. Scharpf 1995c）(2)を採用することを標榜していた。そして最後に、(3)分析の目標として、(1)の国家近接のセクターに典型的に見いだされる「政治・行政による制御と社会の自己組織性との相互作用に関する歴史的・国際比較的研究」(3)を進めることが掲げられた。

本章の主眼の第一は、右で述べた行為理論の立場から「現代社会の構造変化」（Mayntz 1992 :21; Mayntz 1993 a: 41）を「機能分化（funktionelle Differenzierung）」というタームで捉えるマインツの社会観と、これを背景とする社会制御理論を明確な形で提示することである。その第二は、これらに対する理解を前提に、彼女の制御＝ガバナンス論としての政策ネットワーク論を解明することである。ここで、政策ネットワーク論と彼女の社会制御理論とがどのように連関しているかについて、簡潔に述べておこう。

通例、英米における政策ネットワーク論とは、マーシュ（D. Marsh）＝ローズ（R. A. W. Rhodes）(4)に代表されるように、政策領域における国家――社会関係を分析・記述する一般的な概念あるいはツールとして取り扱うにとどまる。これに対して、マインツの場合には、政策ネットワークを、機能分化した社会における、市場や組織に代わる新しい社会制御＝ガバナンスの形態として捉えようとしている。ここでいう社会制御＝ガバナンスとは、彼女によれば、「階統制による統制モデルとは異なる新しい統治（govering）の形態、公私が混交するネットワークの中で国家と非国家的アクターが参画する、より協調的な（cooperative）形態」（Mayntz 1998a: 7）、つまり、階統制メカニズムにのみ依存しないアクター間の問題解決にむけた共働をさす。こうした主張は、今日、政策ネットワークに関するドイツ独自の「マックス・プランク学派」あるいは「ガバナンス学派」として英語圏でも紹介され、関心が向けられるに至っている（参照、第一章第一節[二]）。

そこで本章では、まず、彼女の社会制御＝ガバナンスに関する一般理論をフォローする。さらにその理解を深めるべく、彼女とは対照的に「ラディカルな制御ペシミズム」(5)の態度をとる、ルーマンの制御の限界論とつき合わせる（＝第一節）。次に、彼女の制御＝ガバナンス理論がどのように行政研究の地平において生かされているかを解明すべく、彼女の政策ネットワーク（Policy-Netzwerk）論を中心に検討する（＝第二節）。そして最後に、この時期におけるマインツの学問的営為が、まさに彼女の行政社会学の「成熟期」と位置付けられる所以を論証しよう（＝第三節）。

第一節　「制御」をめぐるルーマン・マインツ論争

一　「制御（Steuerung）というテーマは、ここ二十年間、行政実務のみならず行政科学及び政治学において多大なる意義を持ち続けて来た」。ドイツのある行政学者は、本書がこれまで論じてきた最近数十年の行政実務・学界における議論が、実はいずれも、政治による社会制御というテーマに収斂されることを適切に指摘している(6)。今日の行政活動の大半は、実は社会の制御活動なのである。後に「二〇年以上積極的に関与してきた」（Mayntz 1998a: 9）と振り返っているように、マインツは、「黎明期」以降の様々な研究の底辺に流れていた理論の集大成として、この制御に関する一般理論の構築を目指し、政治による社会制御の試みと社会動態との緊張関係の解明に精力を費やすこととなった。MPIfG創立一〇周年を迎えて、従来の共同研究の成果を世に問うた『社会の自己規制と政治による制御（Gesellschaftliche Selbstregelung und politische Steuerung）』や、彼女のMPIfG所長退職を機に編まれた論文集のタイトルが『社会動態と政治による制御（Soziale Dynamik und politische Steuerung）』（Mayntz 1997a）とされたのは、彼女のかかる態度を端的に示している。

ここで用いられている「制御（Steuerung）」あるいは「政治による制御（politische Steuerung）」という概念は、日本の政治・行政研究では耳慣れないが、ドイツでは英語圏にいう「ガバナンス（governance）」とほぼ同義に用いられている（Mayntz 1993c: 11; Mayntz 1998a: 7）。その意味では、「成熟期」におけるマインツ行政社会学は、近年日本でも試みられている「ガバナンスとしての行政学(7)」の構築を目指したものともいえよう。

二　彼女によれば、今日の制御を巡る議論（例えば、伝統的社会制御手段としての法の限界論）は、現代国家の果たすべき任務である「社会形成機能（Gestaltungsfunktion）」の「失敗（Versagen）」として位置付けられる。マインツ曰く、この「問題の核心は、国家がその伝統的な介入手段に内在する限界により、自らが認識した経済・社会問題を解決することができず、社会の発展を望ましい方向へ制御できないことである。その結果、誤った方向へ発展するという危険を回避するには、伝統的な制御手段以外の制御手段が探求されるか、あるいは中央集権国家による制御を改善するかのどちらかが必要である」（Mayntz 1987: 90）。

彼女は、まずは現在生じている「制御の欠陥」を正確に見定めることが肝要だとした上で、しばしば安易に用いられる傾向のある「制御（Steuerung）」概念を精緻化することが必要であるという。その際、彼女は、かの行為理論の立場から、制御概念を制御行為を中心として考察する。

こうして制御概念は、

①　制御の主体、
②　制御の客体、
③　制御の意図・目的、
④　制御目的を達成するために講じられる措置、及び
⑤　制御活動とその結果との間の関連性、

という要素に分節されている（Mayntz 1986b: 4-9; Mayntz 1987: 92-94）。

三　さて、前章までで見てきた通り、（マインツを含む）ドイツの社会科学者はその社会制御に対する認識の変

更を余儀なくされてきた。規範定立者の知識不足であれ、執行機関が規範を当初の意図通りに執行しないのであれ、規範の名宛人が服従を拒むのであれ、広く「制御の失敗」には様々な原因が考えられる。しかし、少なくともその最も重要なものの一つとして、「制御されるべく選択された制御客体の特性」が挙げられることは疑いない。マインツによれば、そのような「失敗」をもたらすものは、もはや人員・予算・あるいは組織といった行政内部に関する一定のファクターではなく、むしろ主として、経済システム、宗教システム、学術研究システムといった「機能的部分システム」の各特性にあるとする。「それ〔制御理論の研究〕は、かつては政治による制御の主体、すなわち政府とその制御能力の有無に関心を集中させていたが、今では政治による制御の客体の構造や、その行動能力の研究にも及んでいる。ドイツでは、制御能力から社会の被制御可能性へと研究の関心が移動した。次の段階として、被制御可能性は政策領域ごとにかなり異なるということが認識された」(Mayntz 1998a: 10. なお、傍点原文イタリック)。

「機能的部分システム」とは、「広く社会に制度化された機能特性的な行動の連関」であり、そのようなものとして社会の構成員にも認識されるものを指す。機能的部分システムは「有意味な特殊化(sinnhafte Spezialisierung)」を特性とし、個々の行為の「本来有する意味(Eigen-Sinn)」のみならず、「有意味な連関(sinnhafter Bezug)」というメルクマールによって、他の部分システムと区分される。ただしそれは固定的なものではなく、継続的に明確化(および再明確化)される必要がある。機能的部分システムの「分律化(Ausdifferenzierung)」、すなわち部分システム形成のプロセスは、段階的に進行する。最終的には、今日の(ポスト)産業国家に典型的なように、組織に代表される大規模で専門化した社会構成単位(Gebilde)が登場する。現代では、組織だけが対内的にシステムを規律する能力を有し、対外的にはシステムの特殊利益を主張する力を有している。また、組織の拡大は、部分システムの内部構造の複雑化と密接に連動している。システム内部の機能分化が進行した結果、外部観察者にとっては部分システムは見通しのきかぬ、したがって制御の困難な存在になる。

このように、高度に制度化・組織化された社会の部分システムの存在を前提とすれば、いかなる状況でも、中枢部による政治的制御を不可能あるいは不必要にするのかという問題が生じる。なるほど、部分システムの制度的固定化、とりわけ行動能力あるアクターの登場により、システムが自己を制御する能力は高まる。また、不可避的に発生する、望ましくない外部効果等は部分システム内部で認識され、その効果が弱められるばかりか、それに対抗する措置までがとられ得る。システムの自律性というものは、何万もの構成員を持つ社会にあっては、組織があって初めて実現可能になろう（Mayntz 1993a: 42）。

しかし、そのように理解された自己組織能力や、組織化された社会の部分システム相互の調整能力が高まることは、必然的に政治による制御可能性を減少させるわけではない。人間に比して組織の数が少ないこと、規模が大きいこと、組織が個人に比して強大な権力（Macht）を有すること、さらには組織活動の有する合理性・予測可能性などからすれば、全く逆に政治による制御の可能性が高まる場合もある、ともマインツは述べるのである（参照、第一部第三章第二節Ⅱ）。

したがって、制御の可能性が社会の部分システムのいかなる構造的要件によって高められるのかは、あらかじめ一般的にいうことはできず、経験的にのみ答えられ得ることになる。また、マインツは政治による制御可能性の問題を、後述するルーマンのように制御できるかできないかという二律背反的にではなく、もう少し緩やかにかつ「段階的（abgestuft）」（Mayntz 1991a: 21）なものとして捉えている。例えば、マインツが経済システムによる学問システムの制御問題について、「支払い（Zahlung）は学問的コミュニケーションでない。しかし、研究者に金銭が支払われる、あるいは支払われないことによって、支払というコミュニケーションは、一定の学問的言明がなされ（う）るのか否かに明らかに影響を与える」（Mayntz 1987: 102）と述べるとき、「影響を与える

(beeinflussen)」という程度でも制御という概念を用いていることが分かろう。

四　最終的にマインツは、制御の限界の問題は、ルーマン描くところのオートポイエシス的な社会の部分システムの特性に求められるのではないという。むしろ、①複雑な構造を持つ社会の動態性や、②組織化が進んだ規制領域の抵抗力こそが、政治による制御可能性を低めている。しかし「一定の前提」の下では、行為主体の組織化された行動能力が政治による制御を逆に可能にすることもある、と結論付ける。その際、マインツによる機能的部分システムの分析にとって中心的な役割を占めるのが、システムの外部に対しては部分利益の代表者として行動する一方、システム内部では自己規律権力を行使する「アクターとしての組織 (corporate actor)」(Mayntz 1986a: 18) ということになる。

結局、マインツの制御理論は、トイプナー (G. Teubner) が適切に指摘するように、政治による制御の可能性と「全体社会の関与者の組織化された行為能力[8]」との積極的関連性を説いている。

五　他方、自己準拠システムの概念から出発し、オートポイエシス・自己組織性などの観念を用いるニクラス・ルーマンは、その著『社会の経済』(一九八八年[9])の中で、行為理論的制御理論の代表的論者としてマインツを挙げている。ルーマンは――彼が遺した膨大な研究著作のなかで、数少ない共著者である(参照、Luhmann & Mayntz 1973)――マインツの諸論稿を批判的に検討することを通じて、独自の「ラディカルな制御ペシミズム」論を展開している。実は、ルーマンは、マックス・プランク社会研究所の設立時に開催された社会分化理論の検討会に関与していた――ただし、残念ながらこの時の議論の成果は、その当時すでに固まりつつあった彼のシステム理論に何らの痕跡も残していないが――(Mayntz u. a. 1988: 6; Mayntz 1999a: 18)。ここではルーマン

学の素人という誇りを恐れず、優れた邦語文献に導かれつつ、ルーマン理論を分析の俎上に載せることにする。(10)

ルーマンもマインツと同様、現代社会を、高度に機能分化を遂げた部分システムから構成され、複雑かつ不確定で変化してやまないものとして捉える。しかし、マインツとの差異が生じるのは、政治・行政システムによる他の部分システム（例えば経済システム）の制御可能性を全面的に否定する点である。ルーマン曰く、経済が自己制御でなしえない（あるいは十分になしえない）ことは政治によってなされるべきとする観念は、「システムが互いの代わりをつとめ得ることを否定する、機能分化という事実と激しく対立する。政治は、経済はもとより、その部分領域ないしは個々の経営（Betrieb）をも健全化することはできない。というのは、そうするためには金銭（Geld）、すなわち経済が必要とされるからである」。(11) 彼にとっては、「政治による制御は可能か」という問いの設定自体が、すでに誤りである。(12)

ルーマンの場合、オートポイエシス・システムの構成要素を、マインツのように行為主体に求めない。彼は、それをコミュニケーションに求める。社会のあらゆるコミュニケーションは、従来のそして近接するコミュニケーションの意味構造を参照しつつ、自らを再生産する。ルーマンは、このようにコミュニケーション構造を捉えることによって、社会を彼のいうオートポイエシス・システムとして記述できると考えている。その上で、ルーマンは、システム特有の機能に準拠する、つまり固有の差異（基底となる差異）＝区別をコード化する（例えば、法システムの場合であれば合法／不法、経済システムの場合であれば支払／不支払）ことによって、システム内部のコミュニケーション連鎖が確保されると考える。このコードは、これによって自らを同定するシステムにとっては、不変のものとされる。彼は、このコードの「差異（Differenz）を縮小しようとする試み」(13) を制御（Steuerung）と定義している。

しかし、システム内部の操作による自己に固有のコードに依拠したコミュニケーションの連鎖が、自己と環境との区別、すなわち自己のシステムの再生産につながる以上、あるシステムからの制御がそのままの形で伝達される保証はない。制御情報は、制御対象である別個の部分システムにとっては、いわば〃ノイズ〃である。なるほど、制御は、一方の機能システムに他方のシステムが志向する差異をもたらすという点からすれば、何らかの影響・インパクトをもたらすであろう。だが、その効果は、他のシステムの文脈において、何が差異として構成されるかということや、何がそこで実行されている制御プログラムになるのかということに依存している。したがって、ルーマンにとっては、それはもはや制御ではなく制御可能なものでもない。

また、制御が試みられることでシステム内部の作動（Operation）が開始されると同時に、システム外部から知ることもできず、因果的に影響を及ぼすこともできない無数の出来事が発生する。そのため、制御は不可避的に「同期性（Gleichzeitigkeit）」[14]の問題を伴う。さらに、制御を試みるということは、その後もなお自らと制御される環境とが別のものと見なすということであり、これは差異を縮小するのではなく、全く逆にこれを維持することに他ならないともいえる。したがって、結局、「政治システムは、政治特有のシステムと環境との差異の構成を用いて、自らを制御できるに過ぎない」[15]のである。このように、ルーマンの立場からすれば、あるシステムの他のシステムに対する制御は、――「現代社会における制御問題を研究する意義が決してなくなったわけではない」[16]と断りつつも――そもそもありそうもないことになる。

さて、制御をめぐる議論では、制御主体にとっては外在的であり、予想外のものとして生じる制御による一定の効果、予期せざるあるいは（そして）望ましくない副次的効果、及び集積効果といった「制御の限界」がしばしば指摘される。マインツの制御理論では、制御行為者が分析の中心に据えられるため、その原因を問うことはあっても、この問題は基本的に制御論の考察の外に置かれてしまう。マインツ自身認めるように、制御行為が成功したかどうか（つまりその効果はどうであったか）は、彼女の提示する制御概念には含まれない（参照、Mayntz

1987: 94)。しかし、ルーマンは、どうしてこのような区別を設定するのか、なぜこの重要な問題を切り離すのかと疑問を投げかける[17]。

他方、ルーマンのオートポイエシス・システム論からすれば、存在可能なものは、どのようなシステムから見てもシステムか環境かのいずれかである。したがって彼の理論は、この「制御の限界」の問題を取り込み、「行為概念によって日陰もののように扱われていた問題を救出することが可能になる[18]」ことになる。平たくいえば、彼の理論は、予期せぬ効果というものに直面する、当の観察者をも観察する――観察の観察もまたさらに観察の対象となる――ことを可能にする普遍性を有している。その限りにおいては、ルーマンの制御論は、マインツの行為理論的パースペクティブよりも優れたマクロな社会理論だといえる[19]。

六　ただ、内部的な自己制御しかありえない部分システムがいかにして他の部分システムと調整しあうのか、そしてそれらによって全体としての社会システムがどのようにして当座維持されているのかについて、ルーマン自身も「なお十分に解明されていない[20]」というにとどまる。そうである以上、政治・行政理論としては、何らかの形であれ、政治・行政システムの他のシステムに対する制御理論を構想することに関心を持たざるを得ない。若干誇張した表現ではあれ、「オートポイエシス・システム理論は、政治学的な議論に対して何ら積極的な衝撃を与えることができなかった」(Mayntz 1996a: 154. なお、傍点原文イタリック) とマインツが指摘するのは、かかる故である。

第二に、ルーマン自身認めるように[21]、行為理論は、コミュニケーションではなく、指示しうる主体、すなわち観察したり質問をしたり、あるいはその他の方法で経験的研究のために利用することのできる行為主体から議論を出発させる。そのため行為理論は、社会のメゾレヴェルを対象とする政治・行政学理論との接合を可能にする[22]。

行政学は、包括性を尊重するあまり、社会のマクロレヴェルにおける議論とそれ以下のレヴェルにおける議論への架橋——Mayntz 1991b: 60 や Mayntz 2000 のいう「ミクロ的議論とマクロ的議論との接合問題（Mikro-Makro-Problem）」——の問題を避けて通れない。こうした立場からすれば、マインツに比してルーマンが機能的部分システムの内部構造に関心を向けていない点こそが問題となろう（Mayntz u. a. 1988: 24; Mayntz 1991: 62; Mayntz 1996a: 155）。マインツにとっては、機能的部分システムの内部構造こそが、制御＝ガバナンスの問題を考えるにあたっての決定的なファクターである。

マインツによるルーマン批判の第三は、無放縦な機能分化がもたらすネガティブな効果をどうするかという問題に、ルーマンの関心が乏しいことである。機能的専門化は様々な部分システムの相互依存のみならず、他のシステムに対する意図せざる副次的効果を発生させる。しかも、その相互依存関係は非対称的であり、対立する利害が双方円満に解消されることなど通常は考えがたい。機能的専門化は部分システム内部の合理性を高めはするが、他方でシステム相互の両立性や調整を未解決のままとし、その結果、全体としてのシステムの非合理性が高まってしまう。そうであるならば、部分システム間の相互依存関係を前提に、「政治・行政システムの機能を積極的に規定すること」（Mayntz 1996a: 155）が求められるのではないか、とマインツは議論を展開するのである。

七

機能分化がもたらす国家・社会関係の脱ヒエラルヒー化は、現代国家、とりわけ行政官僚制に特有の課題を生じさせる。国家は、今日なお社会（の部分システム）を制御しようとすれば、従前のような集権的・権威的な社会制御ではない、機能分化した社会（の部分システム）に対応した制御の仕組みを設定・利用せざるを得ない。

実際、社会の部分システムに対する制御は、国家により手続的に規律され、場合によっては国家自らが創設し、参画する「交渉システム（Verhandlungssystem）」内部で行われている。国家は社会が機能分化したことによって、その制御を放棄したのでも諦めたのでもない。変化したのは、国家が社会制御という任務を行使しようとするその方法である。マインツによれば、この交渉システムこそ、上述した現代的な制御の仕組みに他ならない。彼女によれば、この交渉システムを通じた部分システム間の「相互依存関係のマネジメント（Interdependenz-management）」――パラフレーズすれば、部分システム本来の機能の維持と、上述したネガティブな効果の発生の防止――こそ、現代国家とりわけ行政官僚制が果たすべき現代的役割であるという（Mayntz 1995: 59; Mayntz 1996a: 155）。

マインツは、この交渉システムとして三類型が考えられると述べている。①社会による自己制御（例：業界内部の調整）、②国家内部に発生する交渉システム（例：目的別対象別に所管が定められる省庁や政党の内部組織）と、③政策ネットワークである。政策ネットワークとは、国家が直接関与はするがあくまで「同輩者中の首席（primus inter pares）」として行動するにとどまる交渉システムである。彼女にとって政策ネットワークとは、部分システムの相互依存関係のマネジメントという意味における社会制御を、国家なかんずく行政官僚制が試みる場と捉えられている。

第二節　マインツの政策ネットワーク理論

一

マインツに代表される政策インプリメンテーション研究が「執行の欠缺」の原因解明を試みて以来（参照、第一部第三章）、ドイツでは、政策過程の適切な分析枠組の構築にあらためてスポット・ライトが当てられることとなった。例えば、ヘリティアー（A. Héritier）によれば、近年のドイツにおける政策研究には、少なくとも五つの潮流が見られるようである。[23] その筆頭として挙げられているのが、「政策ネットワーク分析（Policy-Netzwerk Analyse）」である。アメリカや日本でも、その隆盛ぶりはドイツにほぼ等しい。例えば、アメリカでは、〝ポストモダンの行政学〟を構想する手がかりとして政策ネットワーク論が用いられている。[24] また、日本では「行政研究は後者［政策ネットワーク］に焦点を当ててこそその独自性を発揮できる」[25]と、政策ネットワークの分析に大きな期待を寄せる見解もある。他方で、その概念自体が曖昧模糊だという批判も依然存在する。そのためまずは、一般的な政策ネットワーク論の有する、政治学的・行政学的な意義をいくつか列挙することから始めよう。

その意義の第一は、国家が政策決定・実施に関して社会の諸領域・アクターに優越的な地位を占めているという観念を否定し、〝弱い国家〟（Mayntz 1993a: 41）を前提に議論を進めていることである。換言すれば、政策過程における国家（その中心的存在の一つである行政官僚制組織）の有する各種リソースに限界があるため、政策の形成とりわけ実施にあたっては、公私のアクターによる共働作業が不可避になっていることである。第二に、マクロな政治理論（例えば、エリーティズムや多元主義理論）と異なり、あくまでその考察対象を政策セクター（メゾ）・レヴェルに据えている点にある（B. Marin & Mayntz 1991: 14, 19）。第三に、資源の相互依存関係を背景とした、政策過程における組織間関係に焦点を当てていることである（B. Marin & Mayntz 1991: 14）。

二

通常、英語圏（とりわけイギリス）では、かかる認識を背景に、利益集団と国家との様々な関係を表す「包括的（generic）」な概念[26]あるいは分析ツールとして、政策ネットワークという語を使用し、その上で一定の基準に基づく類型論を展開している。その最たる例が、リソースや構成員などのメルクマールをもとに「政策ネットワーク」を、政策共同体、地域共同体、専門家ネットワーク、政府間ネットワーク、生産者ネットワーク、イッシュー・ネットワークの六つに分類した「ローズ・モデル[27]」である。

しかし、マインツらは、この用語をより狭く、公共政策に関する公私のアクターによる特定の形態の相互作用関係、すなわちヒエラルヒー（階統制組織）や市場という形態とは異なる、非階統制的な調整に基礎を置く相互作用関係に限定して用いようとする。ベーツェル（T. A. Börzel）は、この点を捉えて、前者を「利益媒介学派(interest intermediation school)」、後者を「ガバナンス学派（governance school)」と呼んでいる[28]。

一般に、ネットワークは、市場や組織という社会構造の中間あるいは両者の混合（hybrid）だといわれる。たしかに、社会構造における諸要素の結合の程度からすると、ネットワークは、多数のアクターが互いに結合せず自律的に存在する市場と、アクターの結びつきがタイトな組織との中間に位置すると考えられる。

しかし、近年の制度論的経済学や組織理論の成果[29]によると、ネットワークには、市場に典型的である自律的な行為者が数多く存在しているといわれる。また、組織に特徴的な、統制のとれた目的の遂行も期待できる。さらに、市場の失敗や組織の失敗といった機能不全を回避するポテンシャルを備えていると指摘されている。したがって、ネットワークの発生は、いわば組織と市場のジンテーゼ（Mayntz 1993a: 44）ということができる。つまり、このような理解を前提とすれば、政策ネットワークとは、分散した資源を蓄積・動員して、政策過程におけるアクター間の問題解決に向けた共働関係を導きうるメカニズムと捉えることができる。以下では、ガバナンス学派に属するマインツが展開する、政策ネットワーク論の枠組みを敷衍してみよう。

三　マインツは、公私のアクターが相互に依存しあっているネットワーク的な政策構造を基盤にして、イッシューごとにアクターが選択的に関与する、緩やかな構造的カップリングが見いだされる政策過程を「政策ネットワーク」と理解する（Mayntz 1991a: 41; B. Marin & Mayntz 1991）。したがって、政策ネットワークは、例えば、公私のアクターの数が比較的少数であり、かつ安定した形で結合・共働する、いわゆるコーポラティズム的決定構造と区別されている（Mayntz 1991a: 35-36, 41）。その意味では、政策ネットワークという概念は適用場面が限られ、節約的に用いられているのであるが、すぐ後で述べるように、彼女にはそれが現代ドイツに典型的な政策構造だという前提理解がある（Mayntz & F. W. Scharpf 1995b: 25-26）。

ところで、マインツは、早くから行政組織について、多かれ少なかれヒエラルヒー化されているが相対的に自律的な要素から構成される、高度に分化したネットワーク構造だと捉えていた（Mayntz 1979a:634;Mayntz 1980b: 8-9）。またすでに見たように、政策インプリメンテーション研究の中では、組織間ネットワーク論を政策インプリメンテーションの理論構成に組み込もうとも彼女は試みた。彼女は「成熟期」に至って、このような発想を、さらに機能的部分システムの内部構造にも押し広げたのである（参照、Mayntz 1985a: 39）。マインツによれば、政治的決定構造が主として公私の組織間関係からなる政策ネットワークの登場は、いわば「社会の現代化（Modernisierung）の指標」である（Mayntz 1993a: 43; B. Marin & Mayntz 1991: 19）。したがって、彼女の政策ネットワーク論における第一の特徴は、すでに述べたように（参照、本章第一節七）、機能分化に関する社会理論との連続性を有する点にある。

四　今述べた点と密接に関連するが、マインツ理論の第二の特徴は、彼女が、国家なかんずく行政官僚制による社会（の部分システム）の制御＝相互依存関係のマネジメントの場として、政策ネットワークを捉えている点にある。

すでに述べたように、今日政治・行政システムが有する各種のリソースに限りがある状況において、政治による社会制御、とりわけ政策の実施は、強力な公私のアクターが相互にそして緩やかに結びつくネットワーク的な政策過程においてのみ貫徹可能である。機能的部分システム内部における公的・私的なアクターとしての組織（corporate actor）相互の関係次第では、政治・行政システムは、その相互関係の仕組みを社会（の機能的部分システム）制御の場として利用することが可能になる（Mayntz 1987: 105）。公的アクター固有の制御能力は、機能分化した政策領域ではきわめて限られており、ネットワーク内部での私的アクターを含めたアクター間の連立形成を不可避にする。しかし、この政策ネットワークでは、ネットワーク内部のすべてのアクターが常に登場・参画するのではない。自己利益に影響ありと判断するものだけが、状況に応じて選択的に政策過程に関与するため、そこでの利害関係が不断に変化する。結局、イッシューごとに異なる形で、現状変更肯定グループと反対グループとが公私のアクター入り交じって形成される。この連立形成・変動のありようが制御可能性を左右する、とマインツは述べている（Mayntz 1991a: 35）。

五

第三に、マインツの立論では、上述の連立形成を動機づける、政策ネットワーク内のアクターに特有の「行動論理（Handlungslogik）」に関心が寄せられる。そして、その「行動論理」にしたがってアクター間で集団的になされる決定が、いかなる条件のもとであれば、各々のシステムの抱える問題を解決する方向へと導くのかが検討されている。すなわち、彼女の政策ネットワーク論における第三番目の特徴は、政策ネットワークの問題解決（Problemlösung）ポテンシャルを問うという、規範的色彩が濃厚な面に求められる（Mayntz 1993a: 45）。

マインツによれば、ネットワーク特有の「行動論理」とは、アクターの利害が異なるにもかかわらず、相互作用を通じて意図的に集団的決定をなしうることであるという。彼女はこれを「交渉（Verhandlung）」と呼ぶ。この「交渉」は双方の利害調整・取引という観点からも行われるし、システムの抱える問題を解決する観点でも行われうる。マーチ＝サイモンが、組織内及び組織間コンフリクトに対する組織の対応として挙げた戦略に引き写していえば、前者が「バーゲニング」、後者が「問題解決（problem-solving）」に該る。[30] マインツによれば、「問題解決プロセス」とは、「集団的決定過程に関与するアクターが、自己利害に関わる目的に代えて、――もっぱらではないにせよ――主としてシステム問題の解決（Lösung eines Systemproblems）を志向する」（Mayntz 1994a: 22）場合をさす。

そこで彼女は、いかなる条件が揃えば、「交渉」において後者の観点が前者の観点に対して支配的になりうるかを重要視している。その際、彼女は、さきにも述べたアクターとしての組織の内部構造に着目し、

① 組織を構成する諸レヴェルが緩やかに結合していること、
② 組織構成員の帰属意識や行動志向性が分化していること、
③ 組織の戦略的利害が明確化されていないこと、

といった要件が満たされれば、これが可能になると結論づけている（Mayntz 1993a: 53-54）。この諸要件の充足にあたって、マインツがさらに関心を寄せているのは、「交渉に際して、決定にかかわる組織を代表しているのが誰なのかも、集団的な決定過程の成果を左右する」（Mayntz 1994a: 290. なお、傍点原文イタリック。同様の指摘として、Mayntz & F. W. Scharpf 1995c: 51）点である。この問題は、組織論とりわけ組織間関係論のフィールドでいえば、「対境担当者（boundary personnel）」の問題に相当する。

一般に組織間関係論では、対境担当者の行動を解明する変数として、以下の四項目が挙げられている。すなわち、(1)対境担当者の絶対数・相対数、(2)対境担当者の正式教育の程度、専門能力の程度、(3)組織のヒエラルヒー

のなかの地位（例：管理職か否か、スタッフかラインか）、(4)対境担当者の規範的準拠集団、である。このうち、(3)と(4)が、対境担当者の他の組織との交渉関係において重要な変数だとされている。[31] マインツも、組織間関係を考察する際、(1)組織は内部分化しており、組織が常に一枚岩のアクターとして行動するわけではないこと、(2)組織のヒエラルヒーのなかでの対境担当者の地位や、彼がスペシャリストかあるいはジェネラリストかによって、交渉にあたっての規範的準拠集団に差異が生じうること、(3)組織には常に明確な目標や利益があるわけではなく、対境担当者は状況に応じてこれを自ら定式化する必要があること、を指摘している。そして、国家レヴェルにおいて政策ネットワークの重要性が増大し、そこでは、組織の「代表者（delegate）」の間で交渉が行われるのが常態である事実からすれば、組織を個人と同一視するプリンシパル・エージェント理論は、政策分析に適さないと彼女は結論づけている（Mayntz 1999b: 82）。

六　新しいガバナンス形態としての政策ネットワーク

新しいガバナンス形態としての政策ネットワークという分析枠組みは、ドイツ統一に伴う、東西研究体制の統合問題に関する実証研究のなかで生かされることとなった（Mayntz 1994a）。この対象選択は、マインツにとって、何らかの研究計画によるというよりは、むしろ偶然の産物である。

ＭＰＩｆＧでは、ベルリンの壁が崩壊する以前から、旧西ドイツにおける大学外研究機関の制度的発展についての研究が進められ、さらにドイツ統一前後には連邦の研究政策領域に関する研究プログラムが開始されるなど、「国家近接のセクター」の一つである研究政策領域[32]に関心が向けられていた。マインツ自身の事情としては、彼女自身が八五年以来ＭＰＩｆＧの所長を務めており、研究機関のマネジメント――「スキラの岩礁とカリブディスの渦の間を縫う制御の試み」（Mayntz 1985c）――を自ら実践する立場にもあった。さらに、統一後は、ＭＰＩｆＧの上部機関であるＭＰＩや学術審議会（Wissenschaftsrat, WR）[33]における審議に関与するなど、この領域に

関する事態の進行を「内側」からみる機会に恵まれていたのである。(34)

彼女の主たる問題関心は、ドイツ連邦共和国の連邦科学技術省（Bundesministerium für Forschung und Technologie, BMFT）や、ＭＰＧやドイツ学術振興協会（ＤＦＧ）など「非常に複雑なネットワーク」（Mayntz 1994a: 35-37）を形成していた研究政策上のアクターが、ドイツ統一に伴う両国の研究体制の再編成にあたってどのように行動したかに向けられている。とりわけ、彼らが、単に自己利益を追求することなく、旧東独の研究機関のうち最大規模を誇っていた「学術アカデミー（Akademie der Wissenschaften, AdW）」を、その研究ポテンシャルを損なうことなく西側の研究体制に適合させさせつつ分割・再編するかという観点から、どの程度行動したのかである（Mayntz 1994a: 21, 23）。つまり、本節**五**で述べたように、いかなる条件のもとであれば、問題解決アプローチがアクター間の支配的な行動指針となりえたかが分析されているのである。

結論としてマインツは、旧東独地域における大学外研究機関の統合過程において、関与したアクターのなかに問題解決志向性が見出されること、及び改革の実施段階以降に統合プロセスも問題解決的色彩を帯びるようになったことを実証している。彼女はその理由の一つ目として、①旧西ドイツには研究機関相互の確固たる棲み分け（具体的には、一九七五年に締結された財政援助協定に依る）がなされており、かかる制度配置が旧西ドイツ側のアクターの行動を――彼らの組織的利益の拡大が見込まれる場合でも――「システム合理的（systemrational）」（Mayntz 1994a: 21）な方向へと規定したことを指摘している。第二の理由として、彼女は、②ＡｄＷの研究ポテンシャルの評価を行うためにＷＲは評価委員会を設置したが、所属する組織の代表者として参画した評価委員（研究政策における中心的アクターであるＢＭＦＴの高官も含めて）が、所属する組織の目標からある程度自由であり、審議にあたって各々の専門性を発揮できたこと（Mayntz 1994a: 164）、を挙げている。①は、いわゆる新制度論（マインツの立場でいえば「アクター中心の制度論」）にいう「制度配置」に該当し、②は上述した組織間関係論にいう対境担当者の問題解決志向性の分析にあたる。

第三節　マインツ・政策ネットワーク理論の検討

本節では、欧米における政策ネットワーク論に共通して指摘される批判をまず紹介し、これにいかなる形でマインツが対応しているのかを見ることで、その特殊性と問題点とを順に析出してみよう。

一

一般に、政策ネットワーク論は、政策過程における公私の組織間の相互依存関係を強調する。だが、ネットワークのありようは一様ではなく、政策過程、あるいはそこで取り上げられるイッシューの特性ごとに多岐にわたるはずである。そのためまずは、そのネットワークのヴァリエーションを確定する基準とはどのようなものかが問題となろう。当然予想されるように、これに関しては様々な類型化の基準が提唱されており、その結果、モデルの乱立を招く主要因となっているようである。管見の限りでは、支配的なメルクマールは確立していない。では、マインツの場合、この難問にどのような解答を提示するのか。また、これを検証するに足るほどの事例研究をこれまでこなしてきたのか。

政策ネットワークの他の政策ネットワークとの区別についてマインツが提示した基準は、「組織間の編成（arrangement）としてのネットワークの構造」プラス「その機能、すなわち政策形成及び実施」（B. Marin & Mayntz 1991: 16. なお、傍点原文イタリック）であると述べるにとどまり、素気ない。また、この基準による類型化も試みられてはいない。仮にこの基準をよしとしても、彼女がこれまで政策ネットワーク論と明確に関連づけて論じた政策領域は、ＭＰＩｆＧの研究方針により、当初から「国家近接のセクター」に限定されていた。例えば、右で詳述した研究政策（Mayntz 1993b; Mayntz 1994a）、保健政策（Mayntz 1991a）、技術的インフラ整備政策（Mayntz & V. Schneider 1995: 97-98）、がそれである。また、選択されたイッシューが政策過程のネットワーク性を抽出するために適切であったかも、必ずしも意識されていない。特に、ドイツ統一に端を発する、両ドイツの研究機関の統合・再編問題は、制御の対象が、マインツ自身認めるように、自らのネットワーク内に属さない他国の研究機関であるというレア・ケースであった（Mayntz 1994a: 17）。

二　しかしそれ以上に注意を要するのは、彼女が政策ネットワークを新しいガバナンスの形態として捉えようとしている点、換言すれば、政策ネットワークの問題解決ポテンシャルなどに絞って議論を展開する点である。したがって、すでに紹介した「ローズ・モデル」に典型的に見られるように、アクターの相互依存関係を客観的に記述し、類型化する意欲に当初から欠けているのである。この点が、彼女の政策ネットワーク論の分析枠組が政策過程を分析するツールとしては「比較的一面的」[35]と評される所以である。

ただ、論者の関心によって考察の観点が狭く設定されたり、あるいは同じ概念を用いても異なった問題設定が行われることは十分あり得ることであって、この一点をもって当否の対象とすることは誤りであろう。むしろ混乱を避けるためにも、イギリスに代表される政策ネットワーク論と、マインツらのマックス・プランク学派が構想する政策ネットワーク論とは、（両者の統合可能性の問題はさておき）[36]異なる次元で構想されていると考えた方がよかろう。また、政策ネットワークに関するイギリスの議論状況から推察すれば、政策ネットワーク論は、その包括性故、ネットワークの分類論に拘泥し、結果として切れ味の鈍いものとなる恐れもある。そうであれば、マインツの政策ネットワーク論を、社会理論との連続性を保ちつつ立論を構成する点に鑑みて、積極的に評価する余地は残されていると思われる。

三　そこで、以下では、彼女の政策ネットワーク論の論理に即して内在的に批判を加えてみよう。まずは、彼女の政策ネットワーク論における視座の是非についてである。

既に指摘したように、彼女は、政策過程においてコアになるべき単一組織を中心に政策ネットワークを分析するのではない。むしろ、ネットワークの問題解決能力を問うように、機能的部分システムにおける組織間関係そのものに照準を合わせている。そのため、政策過程のネットワーク化により、個々の行政官庁が展開する制御行動の特性が従前に比して変化したのかについては、さほど重要視されない。また、限られたリソースのなかでシステム内部の問題解決を図るべく行政官庁が働きかける場合に、それが行政官僚制内部の統制・共働・調整活動の変化とどのように対応・連動しているのかについても、（対境担当者に関する議論を除けば）同様である。これは、行政の「内部」の側からのみ問題にアプローチすること（参照、第一部第二章）に対する反省の現れなのであろう。だが、政策ネットワーク全体の動態性に目を奪われ、逆に行政官僚制組織による集団活動の分析が軽視されることを想うとき、行政研究における視野の拡散をどのように評価するかという問題に直面せざるをえない。それは、行政官僚制の構造と機能に主として焦点を合わせた行政社会学理論（Mayntz 1997b）の大外科手術を要するはずである。

四　第二に、彼女の採用する「問題解決アプローチ」について。彼女は、ネットワーク的決定構造に公的・私的なアクターが存在・参画するだけで、システムにかなった集団的決定が達成されるとは考えない。これが達成されるには、既に述べたように、三つの要素のコンビネーションが必要だと考えている。しかし、いくらこれらの要素が満たされた「システム合理的」な決定であっても、そこでなされた決定を下位レヴェルの政策実施機関（の職員）及び組織としてのアクターや市民に受容・認容させうるのか、という問題は常に残る。

この点は、いったい、彼女の政策ネットワーク論がどの段階・程度の政策過程（とりわけ政策インプリメンテーション過程）までを包含するか、という疑問と関連する。彼女は、「政策ネットワークにおける集団的意思決定過程は、単に、あらかじめ存在する、異なった選好間での妥協の形成ではなく、同時に目標形成過程でもある。目標形成と実施（ないし妥協の形成）は区分しがたく相互に絡み合っている」（Mayntz 1991a: 40）と指摘する。ところが、マインツが扱った研究政策の事例は、連邦と州・自治体との関係が全面にでてくる政策領域ではない。つまり、連邦制のもと固有の事務として実施権限を持ち、これに関して広範な裁量を持つ州（の官庁）や、州と同様、連邦のコントロールが及びにくい自治体（参照、Mayntz 1981; Mayntz 1982c）が、強力なアクターとして登場しない。

五

第三に、仮に、ネットワークを構成する多元的なアクターによって集団的決定がなされ、しかもその決定が「システム合理的」であるとしても、本当にそれで問題なしと片づけてしまえるのかという点である。別言すれば、マインツの政策ネットワーク論は、政策過程のインプットというよりは、むしろアウトプットあるいはアウトカム（systemrational か否か、effektiv か否か）に関心を集中させている。その結果として、ネットワークを通じた制御の正統性や民主的アカウンタビリティの問題が、比較的不問に付せられている。この点については、近年マインツ自身も、民主的正統性がしばしば議論の俎上に上るEUレヴェルの政策過程研究の進展を踏まえて、「回顧すれば驚くべきことに、民主主義理論と（国内の）ガバナンス理論とは、長期にわたり互いに関連づけられなかった。……ネットワーク内における水平的調整や交渉は、民主主義に代替するものではない」（Mayntz 1998a:13. 同様の問題意識を示すものとして、Mayntz 1996a: 164）と、その欠陥を認めているに至っている。

ただ、マインツは「政策形成が公私の入り組んだネットワークで行われるところにもアカウンタビリティの問題が存在すると認識することは、政策過程のインプット部分を明確に政治的ガバナンス理論に組み込むことと同義ではない」とも述べている。すなわち、彼女は、上記の批判がガバナンス理論の焦点を拡散させることになりはしないかと危惧している（Mayntz 1998a: 16)。しかし、いずれにせよ、マインツによるこれ以上の議論の展開は残念ながら他日に譲られている。[37]

小括

本章では、マインツが「成熟期」（一九八〇年代後半〜現在）において精力を傾注して取り組んだ研究、なかんずく彼女のガバナンスとしての政策ネットワーク論を紹介・検討してきた。最後に、マインツ行政社会学（の変遷）を理解するうえで最も重要と思われる、社会制御理論としての行政学という観点から「成熟期」における特徴を抽出し、もって本章の結びに代えたい。

マインツ行政社会学の「成熟期」における特徴をピックアップすれば、以下の諸点に集約されよう。

① 「発展期」における問題意識をさらに深化させ、機能分化に関する社会理論の構築を試みたこと、換言すれば、行政を含む機能的な社会（の部分）システムへと彼女の視座が移動・拡大したこと、

② ①を踏まえ、政策セクター・レヴェルにおけるアクターの行動特性の一端を、マクロな社会レヴェルのありようと関連づける政策ネットワーク論を展開し、両レヴェルをともに視野に入れ、両者を媒介する論理を提示したこと、

③ 結果として、「黎明期」以来一貫した問題意識であった社会制御という視点を、研究政策に関する実

証研究を経て、政策ネットワーク論を支柱とする制御＝ガバナンス理論にまで彫琢したこと。

（1） F. W. Scharpf, Max-Planck-Institut für Gesellschaftsforschung, Köln, in: Th. Ellwein et al. (eds.), *Jahrbuch zur Staats- und Verwaltungswissenschaft* 2 (1988), pp. 331-332. おおよそ同様の指摘として、参照、Mayntz u. a. 1998: Vorwort.

（2） ＭＰＩｆＧの現所長であるシャルプフは、その後、同理論を本格的に扱ったモノグラフィーを公表している。参照、Scharpf, *Games real actors play*, 1997（参照、棚橋匡「学界展望・政策学」国家学会雑誌一一二巻九・一〇号（一九九九年）二三二頁以下）。同理論については、第二部第一章第二節(2)七で再度言及する。

（3） なお、現在の研究プログラムには、ＭＰＩｆＧ設立当初に比べ、調査研究領域と問題設定の重点の置き方に変更が加えられている。http://www.mpi-fg-koeln.mpg.de/bericht/programm d.html

（4） D. Marsh & R. A. W. Rhodes (eds.), *Policy-networks in British government*, 1992; Marsh, *op. cit.*

（5） F. W. Scharpf, Politische Steuerung und Politische Institution, *PVS* 30 (1989), p. 10.

（6） D. Schimanke, Steuerung und Selbststeuerung in der öffentlichen Verwaltung, in: R. Koch, *op. cit.*, p. 134.

（7） 参照、今村・前掲書第一章註(25)四〇六頁以下、同『行政学のパースペクティブ』㈶地方自治総合研究所、一九九八年）六六頁以下。

（8） G・トイプナー（土方透・野崎和義訳）『オートポイエシス・システムとしての法』（未来社、一九九四年）一六三頁。

（9） N. Luhmann, *Gesellschaft der Wirtschaft*, 1988, pp. 324-349（邦訳として、ニクラス・ルーマン（春日淳一訳）『社会の経済』（文眞堂、一九九一年）三三八頁以下）。該当部分の英訳として、参照、Luhmann, Limits of Steering, *Theory, Culture & Society* 14 (1997), pp. 41-57.

（10） 難解なルーマン理論の理解・分析にあたっては、江口厚仁「法・自己言及・オートポイエシス」法政研究五九巻三・四号（一九九三年）三八九頁以下、同「法システムと市場の論理」日本法哲学会編『法哲学年報一九九四・市場の法哲学』（岩波書店、一九九五年）五四頁以下から多くを教えられた。以下でルーマン理論に言及する場合、その一部は両論文に負っている。

（11） Luhmann, *Gesellschaft der Wirtschaft*, p. 325（春日訳三三五頁）.

（12） Luhmann, Politische Steuerung: Ein Diskussionsbeitrag, *PVS* 30 (1989), p. 4.

(13) Luhmann, *Gesellschaft der Wirtschaft*, p. 328（春日訳三三七頁）．なお、傍点原文イタリック。同様の指摘として、Luhmann, Politische Steuerung, p. 5.
(14) Luhmann, Politische Steuerung, p. 7.
(15) Luhmann, *Gesellschaft der Wirtschaft*, p. 337（春日訳三四五頁）．
(16) Luhmann, *Gesellschaft der Wirtschaft*, p. 338（春日訳三四六頁）．同様の指摘として、Luhmann, Politische Steuerung, p. 8.
(17) Luhmann, *Gesellschaft der Wirtschaft*, p. 330（春日訳三四〇頁）．
(18) Luhmann, *Gesellschaft der Wirtschaft*, p. 333（春日訳三四一頁）．
(19) 参照、Scharpf, Politische Steuerung und Politische Institution, p. 13.
(20) Luhmann, Einige Probleme mit "reflexivem Recht", *Zeitschrift für Rechtssoziologie* 6 (1985), p. 1.
(21) Luhmann, *Gesellschaft der Wirtschaft*, p. 329（春日訳三三八頁）．
(22) 参照、D. Braun, Zur Steuerbarkeit funktionaler Teilsysteme: Akteurtheoretische Sichtweisen funktionaler Differenzierung moderner Gesellschaften, in: Héritier (ed.), *Policy-Analyse*, pp. 199-200.
(23) Héritier, *op. cit.*, pp. 15-16.
(24) C. J. Fox & H. T. Miller, *Postmodern public administration*, 1995.
(25) 真渕勝「カッツェンシュタインの行政理論――行政研究の外延――」阪大法学四一巻二・三号（一九九一年）二〇九頁。なお、括弧内筆者。
(26) G. Jordan & K. Schubert, A preliminary ordering of policy network labels, *European Journal of Political Research* 21 (1992), pp. 88-89.
(27) R. A. W. Rhodes, Policy Networks: A British perspective, *Journal of theoretical politics* 2 (1990), pp. 303-305.
(28) Börzel, *op. cit.*, p. 255.
(29) ネットワークを、市場と組織の中間形態として捉えるのではなく、相互尊重と協調を柱とする独自の社会経済的な制御＝ガバナンス形態と捉える代表的な文献として、参照、W. W. Powell, Neither market or hierarchy: network forms of organization, *Research in organizational behavior* 12 (1990), pp. 295-336. また、パウエルの類型を政治・行政学のレヴェルでさらに展開する近時の文献として、参照、R. A. W. Rhodes, Governance and Networks, G. Stoker (ed.), *The new management of British local governance*, 1999, xviii.

(30) マーチ＝サイモン（土屋守章訳）『オーガニゼーションズ』（ダイヤモンド社、一九七七年）一九七頁。

(31) 山倉健嗣『組織間関係論』（有斐閣、一九九三年）七五頁以下。

(32) 統一前後の東西ドイツの研究体制については、ヨセフ・レムザー（大西健夫訳）「研究政策」大西・U・リンス編『ドイツの社会――民族の伝統とその構造――』（早稲田大学出版部、一九九二年）二〇一頁以下が要領のよい見取り図を与える。

(33) 学術審議会（WR）とは、連邦とラントとの行政協定により設置され、研究政策に関する意思決定を行う非党派的機関である。

(34) U. Gerhaldt et al., *op. cit.*, p. 47.

(35) F. U. Pappi, Policy-Netze: Erscheinungsform moderner Politiksteuerung oder methodischer Ansatz ?, in: Héritier, *op. cit.*, p. 88.

(36) 参照、D. Marsh, The utility and future of policy networks analysis, in: Marsh, *op. cit.*, p. 190.

(37) マインツのこのような問題意識の展開を（その表題上は）うかがわせる論稿としてMayntz 1999cがあるが、未見である。

結　語――マインツ行政社会学の特質

第一部の課題は、マインツが一九六〇年代末以降精力的に公表してきた行政社会学に関係する文献を時系列的に辿ることを通じて、その基底に潜んでいる構造やその問題点を析出することであった。

ここまで論じ至ってマインツ行政社会学の全貌をあらためて鳥瞰してみれば、その特徴は、おおよそ、①行政改革学としての行政学（改革主義的思潮）、②トピックとしての行政学（研究成果相互の不整合）、③ガバナンスとしての行政学（制御志向性）、の三点に集約される。以下、それぞれについて簡潔に説明しよう。

一　第二章において述べたように、マインツが行政の研究に着手しその後も精力的に取り組み続けるきっかけを与えたのは、戦後初めて本格的に政権を担うことになったＳＰＤ率いる連邦政府の政府・行政改革であった。マインツらの社会科学系の研究者は、当時の時代背景の下、改革の方向性についての価値座標を実務側と半ば共有し、その需要に応じる形で、各種の行政改革のための委員会・審議会に積極的に参画・協力した――「改革連合」！――。「発展期」においても事情はおおよそ同様であり、ドイツ版〝偉大な社会〟の挫折が、当時の政府をして政策執行への関心を高めさせたのである（行政改革学としての行政学）。そもそもドイツでは、行政法学者（公法学者）の圧倒的多数がＣＤＵなど保守政党支持であるのに対し、政治・行政研究者の場合にはＳＰＤ支持者が多数である。その意味では、政治・行政研究者の「活躍」の場は、戦後ドイツにおいては六〇年代末にはじめて与えられたといえる。

二　この「改革連合」と並んで行政研究の進展を支援したのが、ドイツ学術振興協会（ＤＦＧ）やフォルクス・ワーゲン財団（VW-Siftung）などによる、一定分野に絞った重点的財政支援であった。マインツ自身に関していえば、一連の政策インプリメンテーション研究（Mayntz 1980a; Mayntz 1983a）や、統治エリート研究（H.-U. Derlien & Mayntz 1988）などはＤＦＧ、インプリメンテーションに関連した規制研究（Mayntz et al. 1982）はVW-Siftungの後援で進められている。これらは、一で掲げた理由と相俟ってマインツらをして現代行政の構造と動態に接近することを容易ならしめ、ドイツ初の実証的な行政研究を生み出す原動力として機能した。

しかし他面で、彼女の行政研究におけるテーマ選択及び研究方針選択は、研究委託者や資金援助団体など「外部」[1]から規定されがちとなる。この結果、彼女は、「外部」の改革内容の急速な推移に応じて、五年から十年ごとに学問的関心を変化させることとなった（あるいはそれを余儀なくされたというべきか）。極めて単純化していえば、「黎明期」は主として行政組織や公務員制度など行政内部に、「発展期」は政策インプリメンテーション過程に代表される行政と社会との接平面に、そして「成熟期」に至っては行政を含む社会の機能的部分システムへと視座が移動・拡大した。結果として、彼女はその時々のトピックを追いかけるかたちで研究を進めてきた（トピックとしての行政学）。

ただ、「成熟期」にあっては自ら研究所を設立し、しかも所長として就任するなど研究目標を独自に設定できる地位にあったことを考えると、この時期には、「外部」から規定されたトピックの行政学としての性格が薄れたといえるかもしれない。しかし、政策ネットワーク論への彼女の取り組みは、「発展期」において自ら発見した「制御の限界」（Mayntz 1986b）への認識に裏打ちされたものであり、「黎明期」や「発展期」における一連の組織研究や政策インプリメンテーション研究を抜きにして考えることができない。

三　そのあとに残されたのは、あたかも〝焼き畑〟の後の荒地のごとく十分に耕されぬままの研究領域、あるいは、重要ではあるが関心が向けられなかったために、ほとんど耕されぬままの研究分野であった。例えば、彼女の政策インプリメンテーション研究や政策ネットワーク論は、能動的政策に基づいて提示された組織編成原理への反省に基づいているにもかかわらず、行政組織に関する議論についに立ち返ることはなかった。「黎明期」の成果をふんだんにちりばめた主著『行政社会学』(Mayntz 1997b＝マインツ 1986) に加えられた三度（！）の改訂も、その体系（参照、第一章第二節）を見直す契機にはならなかった。また、アメリカや日本では行政学の重要な構成要素であるにもかかわらず、意外にも彼女が関心をほとんど向けなかった最たる例は、行政責任論や政策評価論である。例えば、ドイツの政策インプリメンテーション研究を主導したマインツであれば、政策過程の最終段階である政策評価に関心を向けるに至るにはあと一歩であったはずである。しかし、彼女が政策インプリメンテーション研究とほぼ時を同じくして取り組んだのは、連邦内務省の委託に基づく、プログラム策定を通じた規制・介入の是非を問う事前評価手続論 (Mayntz 1980d; Mayntz 1982a) であった。つまり、アメリカのいわゆるプログラム評価 (program evatuation) に連なる、事後的な政策評価ではなかったのである。

四　しかし、マインツ行政社会学を、改革主義的志向のもと、その時代ごとに「外部」が関心を向けたトピックを捉えたに過ぎない理論だと片づけることは早計であろう。マインツ行政社会学の最大の特徴とは、これまでの論述から明らかなように、「黎明期」以降、取り扱った対象は異なれども、一貫して社会制御に関する理論——それ自体、バージョンアップを図りつつ——とリンクしたかたちで行政にアプローチした点である（社会制御の行政学）。「成熟期」において展開された政策ネットワーク論も、見方を変えれば、現代社会の構造及び動態をもっとも典型的なかたちで描きうる理論でもあり、故に、政策研究が通常念頭におくメゾ・レヴェルのみならず、これに上位するマクロ・レヴェルをも視野に入れ、相互を媒介する論理を提示しようと試みるものであった。

かつて辻清明は、「シュタイン行政学説のもつ歴史的意義が、何よりも彼の鋭い分析視角によって適確に把握せられた一九世紀『社会』の概念を基軸として構成せられたものであるという点に存すること」に注意を促した。同時に、彼は、シュタインの「社会」という概念が「かれの行政学説の全体系を支撐する巨大な岩盤としての意味を表現したものものであることを充分認識しておくべきであろう。謂わばかれの視座構造の底辺を形成するものとして『社会』の観念が存在していた」(2)とも指摘した。本書の主張は、単純に「シュタインに還れ」ということでも、「視野を広く持て」ということでもない。「行政を単独ではなく、社会的コンテクストのなかで捉え、社会の変化が行政の構造や機能にどのように影響を与えているかを問う」(Mayntz 1997d: 68) ことによって、はじめて具体的に見えてくるものがあればこそである。

行政研究の成立する基礎を社会制御理論に求めたマインツ行政社会学の積極的意義は、第二部においてあらためて論じられる。

(1) エルバインは、この点を指摘する際に（一定の留保を付しつつも）Mayntz & F. W. Scharpf 1973a 及び Mayntz 1980a に言及する。参照、Ellwein, *op. cit.*, pp. 43-44.

(2) 辻・前掲第三章註(26)二二頁。なお、旧仮名遣い等は引用にあたって一部改めた。

第二部　日独比較行政研究への接近

日本の行政研究に「圧倒的影響」を与えたといわれるアメリカ行政学は、政治学を水源とする行政理論の系譜と、科学的管理法を水源として流出する組織理論の系譜との合流・分流を経て、今日に至るという(1)。そのため、行政研究における伝統的な二つの問題領域といえば、行政理論の系譜に連なる政治・行政関係あるいは政官関係の問題と、組織理論の系譜につながる組織編成や人事管理など行政管理に関する問題であり、これまでに数多くの言説が積み重ねられてきた。また、昨今の行政改革でも、いわゆるニュー・パブリック・マネジメント（New Public Management, NPM）という新しい視点から、中央省庁のマネジメントの仕組みが再編される最中、そこには「ほとんどつねに、政官関係のあり方を変え政治改革を推進したいという裏の動機(2)」が働いていたといわれる。すなわち、二つの論点は密接に連関しながらなお色褪せることなく今日に至っている。

そこで、第二部では、かかる日本の行政学説・行政実務の動向との比較を展望しつつ、第一部でその構造を解明したマインツ行政社会学の切り口からは、二つの論点はドイツにおいてどのように取り上げられているのかについて考察する。まず、第一章では、ドイツの政官関係の実態が分析され、ドイツにおける政官関係の「融合(hybrid)」テーゼの妥当性が、マインツの実証研究をもとに検証される。次に、第二章では、ドイツのＮＰＭ型マネジメント改革を俎上に載せ、アングロサクソン系諸国に端を発するこの改革がマインツの立場からはどの程度受容されうるのか、もし問題が残るとすれば、それが何かであるのかを解明する。ただ、いずれの章も、日本との十分かつ精密な比較には遠く及ばず、第二部を「日独比較行政研究への接近」と題したのはかかる故である。しかし、わずかではあれ、ドイツ行政官僚制組織の研究から得られた、日本の行政研究への理論的インプリケーションを、各章のむすびにおいて試論的に提示してみたい。

第一章　政官関係の日独比較研究・序説

はじめに

一　行政と政治の関係、あるいは実体的にいえば政策過程における政治家と行政官との関係は、行政学における最も根本的なテーマの一つである。この政官関係に関しては、とりわけ、村松岐夫『戦後日本の官僚制』(東洋経済新報社、一九八一年)のポレーミッシュな問題提起以降、日本行政学界では激しい論争が繰り広げられることとなった。村松は、明治以来形成されてきた日本の特権的官僚制が、終戦による抜本的解体を免れたために、戦後も依然として政策過程に政治家に比して圧倒的な影響力を行使してきたとする通説的見解(「旧理論」[3])に、真っ向から反論を挑んだ。村松は、パットナム(R. D. Putnam)やアバーバック(J. D. Aberbach)らによる高級官僚に対するサーベイ・リサーチ[4]の手法を半ば「応用」[5]し、国会を中心とする政治活動が活発化するにつれて官僚の役割が後退し、これに代わって自由民主党の政策形成能力、及び自由民主党の行政官僚に対する政治的影響力が増大したことを論証しようとした。つまり、官僚優位論に代わる政党優位論である。

二　村松以降も、比較政治・行政的な視点を取り入れつつ、政官関係に関して幾多の業績が世に問われてきた。しかし、しばしば欠落しがちであったのは、山口二郎が的確に指摘したように、政官関係と統治機構とを関連づける視点である。山口曰く、「政治家と行政官の関係あるいは政治・行政という営為は、大統領制や議院内閣制といった統治機構から当然大きな影響を受けるはず[6]」だからである。なるほど、例えば、大統領制を採用したアメリカであれ、議院内閣制を採用したイギリス、ドイツ、そして日本であれ、高級官僚の「政治化」が政官関係の主要な問題として議論されている点では全く変わるところがない。しかし、アメリカでは、行政官僚が「政治化」されること自体はさして問題とせず、これが制度としての官僚制の専門技術性を阻害するに至る事態を問題視するのに対し、議院内閣制を採用する国々では、議論はもっと規範的である。つまり、行政の「政治化」は、例えば、「官吏は国民全体に奉仕するのであって、一党派に仕えるのではない。官吏は、その職務を非党派的にかつ公正に遂行しなければならない。その職務遂行にあたっては、公共の福祉（Wohl der Allgemeinheit）を考慮に入れなければならない」（ドイツ連邦官吏法五二条）、あるいは「すべて公務員は、全体の奉仕者であって、一部の奉仕者ではない」（日本国憲法一五条二項）という政治的中立性といった規範に反するか否かも議論される。

そこで、山口は、議院内閣制における政党政治家と行政官との関係について、イギリスを一つのモデルにしつつ日本の現状分析を進めている。その結果、山口は、明らかに前出のアバーバックらの研究を念頭に置いた上で、「八〇年代の日本の政治過程」では「自民党と官僚制との間で相互浸透が進んだ。そして、政治家も官僚制も、社会化の過程でそれぞれのパートナーの持つ論理や行動様式を内面化し、二つのアクターの同調性が高まる[7]」と結論づけている。以上のような政策過程を担う二つのアクター集団の「相互浸透」の様式は、山口によって「八〇年代モデル」と命名されている。つまり、山口は統治機構の差（大統領制と議院内閣制）が政官関係に与えるインパクトを強調しつつも、結果として、アメリカ大統領制下と同様の政官（自民党と行政官僚制）の「相互浸透」関係が存在すると結論づけている。

なるほど、山口のように比較の研究対象としてイギリスを選ぶことは、イギリスが議院内閣制の母国であり、議院内閣制の運用実績及びこれに関する議論が豊富であることからすれば、当然のことかもしれない。しかし他方で、「わが国と同じく議院内閣制を採用している国でも、そこでの政党政治家と行政官僚との関係にはかなりの多様性がある」とすれば、「イギリスの場合を唯一の引照基準とせずに、フランス、西ドイツなどもう少し多くの国々の場合と比較してみる必要があ(8)」るという西尾勝の見解も頷けるところである。また、山口自身が別のところで述べているように、議院内閣制における政官関係は、①与党の指導的な政治家を集めた内閣と官僚制との関係、②政策の立案・実施をめぐる（内閣に属さない）与党政治家と官僚制との関係、そして③議会とりわけ野党と官僚制との関係、といった三つの局面においてそれぞれに異なった様相を呈する。(9)したがって、多様な展開をみせる議院内閣制について一定のモデルを措定することなく、各国における政治・行政システムとの比較のなかに日本の政官関係を位置づける必要がある。

三　この点、非常に興味深いのは、ドイツにおける政治家と行政官僚集団との関係を巡る議論の進展状況である。なかでも、マインツとその弟子デアリーン（H.－U. Derlien）は、アバーバックらと研究歩調を合わせつつ、ドイツの連邦官吏（Beamte）に対するサーベイ・リサーチによる実証分析を進めている（本章末尾のデアリーンの文献リストを参照）。

アバーバックらに代表される通説的見解は、議院内閣制を採用したドイツについても、後述する「政治的官吏（politische Beamte）」制度を梃子とした高級官吏の政党政治化を背景に、アメリカに匹敵する、政策過程における政官の「融合（hybrid）」現象（山口の用語・訳語でいえば「相互浸透」）を指摘してきた。彼らのいう「融合」イメージに該当するのは、政治家の〈官僚化〉と官僚の〈政治化〉とが進行する中で、典型的な政治家と官僚との役割の差が徐々に消滅し、専門技術性のみならず政治的な感覚をも備えたエリート集団をさす。しかも彼らは、ドイツの連邦官僚が「政治化」しているという「歴史的傾向が覆ることはあり得ない」とまで断言したのであった。[10] さらに、ドイツの官僚自身も、約二、三〇年前から官僚の「政治化」が進んでいることを直截に認めつつあるといわれる。それにかかわらず、マインツらは、政権政党による官僚人事への介入が増大し、高級官僚に党員が増大したことは、「融合」をすぐさま帰結しはしない、むしろ二つのアクター集団には異なった行動特性や認識特性が見いだされ、それが彼ら各々の役割理解や自己イメージに反映しているのだ、と主張している。

我々はここで、山口の「相互浸透」ないし「融合」テーゼに対する、西尾の以下のような反論を思い起こさずにいられない。「山口氏は自民党政権下において政党政治家と官僚との融合が起こり始めていると指摘しているのであるが、はたして融合とまで呼びうる現象が生じているのであろうか。政党政治家と行政官僚とはその稼業を異にしており、その気質も、その生きがいも、そしてその思考様式も大いに異なる別世界に棲息する集団という印象の方が筆者には強い。政党政治家と行政官僚とは協働・連携・結合・結託・癒着・野合しているかもしれないが、融合してはいない」。[11]

ここで、西尾の見解にさしあたり従うとすれば、先行研究[12]の少ないドイツにおける政官関係論との比較研究には、かの「融合」関係があらかじめ「前提[13]」とされて議論が進められる傾向のある日本行政学界の状況に対して、一石を投ずるポテンシャルが秘められている。こうした研究を主導してきたアバーバック・ロックマン（B. A. Rockman）が、近年、九〇年代のアメリカにおける政官関係が、財政危機を契機とするＮＰＭ型行政改革（参照、第二部第二章）の進展のなかで、「融合」関係を解消する方向へと向かっている――彼らの論稿のタイトルは「バック・トゥー・ザ・フューチャー」！――と述べ、彼らの予想の誤りを認めるに至っている。[14] それだけに、「融合」テーゼの再検討はますます避けては通れない課題である。

さらに、ドイツの連邦官僚制は、官吏の「一時休職制度（Einstweiliger Ruhestand）」（連邦官吏法三六条）等の積極的運用を通じて、政治的応答性（political responsiveness）を確保しつつ専門技術性を失わない優れたシステムを形成してきたとも評価されており、刮目に値する（参照、Derlien 1996: 157-158）[15]。かかる制度については日本の公務員制度も知らないわけではない。戦前でいえば、文官分限令（一八九九（明三二）年勅令第六二号）第一一条四項の定める、休職事由としての「官庁事務ノ都合ニ依リ必要ナルトキ」がこれに相当する[16]。同制度は、政府の猟官を生んだとして今日では批判的に紹介されることが多い。しかし、最近の中央省庁再編過程においては、「国の行政機関の事務次官、局長その他の幹部職員については、任命権者がその任免を行うに際し内閣の承認を要することとするための措置を講ずるものとする」（中央省庁等改革基本法一三条）とされた。すなわち、アメリカのように外部から幹部職員に登用するpolitical appointeeではなく、省庁内部の幹部職員を政治的に任用する可能性が模索された。それだけに、ドイツにおける一時休職制度の実態は、「二一世紀の日本の行政[17]」を占ううえでも、興味深い素材を提供する。

四　そこで、本章では、日本行政学界における政官関係論をさらに進展させるための基礎的な研究として、ドイツにおける政官関係論を検討してみたい。その際に、主として依拠する資料は、ＤＦＧの財政支援、デアリーンが所属するバンベルク大学、及びＭＰＩｆＧの後援を受けてまとめられた、マインツ＝デアリーンによる共著『比較エリート研究II――一九八七年における連邦の政治・行政エリートの役割意識（Einstellung）』（Derlien & Mayntz 1988. これに依拠した両氏による論稿として、Derlien 1988a; Mayntz & Derlien 1989; Derlien 1989; Mayntz & Neidelhardt 1989; Mayntz & Derlien et al. 1990; Derlien 1994）である。この研究調査は、いわゆるミシガン・プロジェクトの一環としてパットナムが一九七〇～七一年にかけて実施した、政官の比較エリート研究[18]を引き継ぐものである[19]。マインツらによる比較エリート研究の目的は、比較政治的に「政治・行政エリートの役割理解や価値観を分析すること」であり、①パットナムによる調査結果との比較のみならず、②ワシントン及び東京で行われる同様の調査結果と比較対照を行うことをも意図されていた。[20] とりわけ、政治・行政エリートの行動志向性（Handlungsorientierung）の差異に関心が向けられた。マインツのこのようなサーベイ・リサーチを用いた比較エリート研究への取り組みは、一九八二年から八三年にかけてスタンフォード大学客員教授に就任したことが契機となったようである。第一部でも触れたように、この研究プロジェクトは、アメリカの行政専門誌『行政評論（*Public Administration Review, PAR*）』のなかでも、七〇年代に比してやや停滞気味であった八〇年代ドイツ行政学のなかで、「主要でとりわけイノベーティヴ[21]」なリサーチの一つだと評されている。

五　なお、叙述にあたって限定を施した点について、ここで述べておきたい。

まず第一は、時期に関する限定である。一九九〇年に生じた両ドイツの統一、及びこれに伴う首都移転は、一九六五〜七五年という戦後（西）ドイツの第一次行革期に匹敵する国家・行政改革をもたらした。特に、ベルリンに移転する省とボンにとどまる省が存在すること、同一省の内部でもベルリンに異動する官吏とそれがかなわずボンにて業務に従事する官吏が存在することは、政治・行政の中核部分で働く官吏とそこから数百キロも離れたペリフェリーに甘んじる官吏という二極分化を生じさせている。[22]

さらに、ＮＰＭの世界的な広まりの中で、現在、ドイツにおいてもＮＰＭ型行政改革が連邦、州、自治体のすべてのレヴェルで浸透しつつある。とりわけ次章で後述する「契約管理（Kontraktmanagement）」という発想は、政治＝枠組設定、行政＝業務の執行という役割分担を求めるものである。また、ＮＰＭ型行政改革に関連した公勤務法の領域では、任期付管理職制度の導入は連邦では人事行政の過度の政治化を招くとして見送られたが、試用期間つきの管理職制度は九七年制定の公勤務法改正法の中に盛り込まれるに至った。これらは、ドイツの連邦政治・行政エリートの関係及びこれに基づく役割意識にもかなりの変化を生じさせると予想される。したがって、本章は、主として八〇年代後半時点でのドイツ行政官僚の一齣を描き出すに過ぎない。また、マインツ＝デアリーンの両氏によって『比較エリート研究II』を含む一連の調査研究を纏めた著書が、ドイツのノモス出版社（Nomos Verlagsgesellschaft）から上梓される予定もある[23]。

第二に、考察対象の限定についてである。本章の対象は資料の制約などから、連邦レヴェルに限定している。とはいえ、マインツも指摘するように、州レヴェルにおいても連邦同様の一時休職制度等[24]を利用した「政治化」が進行している――州レヴェルでは、上述した任期付管理職制度の導入が許容されたことにより、今後は連邦以上に「政治化」する可能性もある――といわれ、連邦レヴェルでの分析結果が各州のエリート官僚にも「概ね妥当する」（Mayntz 1997b: 199＝マインツ 1986: 190）ことも、ここに付言しておく。

六

そこで、論述の進め方としては以下のように行われる。先ず、一九七〇年代におけるドイツ官僚の意識変化を概観した後、その変革を促進し、結果としてドイツのエリート官吏の「政治化」をもたらした一因とされる政治的官吏（politische Beamte）制度、とりわけ官吏の一時休職制度とその実態について紹介・検討する（＝第一節）。次にこれを受けて、マインツらが行ったエリート・サーベイをもとに、ドイツにおける政官関係論の状況に論及する。そこでは、アバーバックらが提示したドイツの連邦官吏と政治家との「融合」イメージの妥当性が検討されると同時に、政官関係の研究に関する残された方法論的課題についても触れることにしたい（＝第二節）。以上の検討を経て、戦後、政治的官吏に対する一時休職制度の積極的運用がなされると同時に、官僚内部の党籍保有者の割合も増大してきたにもかかわらず、ドイツの連邦官吏はいまだアバーバックのいう「融合」イメージで捉えられる段階には至っていないことを明らかにしたい。したがって、〔政治・行政二分論〕が、ドイツの連邦人事行政の中では、なおその命脈を保ち続けていることを論証したい（＝おわりに）。

第一節　ドイツ連邦官吏の機能変容

ドイツを素材に、現代の行政国家化の決定的趨勢をいち早く看て取った権威的書物によれば、ドイツの職業官吏制度は、官吏制度の「伝統的諸原則（hergebrachte Grundsätze des Berufsbeamtentums）」を保障する憲法規定（三三条四項）を梃子にその本質を変えることなく戦後も生き続けてきたといわれる。[25] ところが、この書物が上梓された頃には、ドイツの公勤務制度は、[26] 少しづつではあるが着実に機能変化を遂げ、これに伴って新たな役割意識が醸成されつつあった。ヴェーバー描く理念型としての合理的官僚像と現実との懸隔が、ドイツにおいても認識されつつあった。そこで、本節では、一九七〇年前後、すなわちＳＰＤがＦＤＰとともに政権の座についた時期における公勤務員の意識変化の濫觴期に立ち返る。とりわけ、この変化を生じさせたといわれる政治的官吏の「一時休職制（Einstweiliger Ruhestand）」（連邦官吏法三六条）等を概観し、その実態を明らかにしたい。これにより、ＣＤＵ／キリスト教社会同盟（ＣＳＵ）が政権を奪還した後――すなわち戦後二度目の政権交代を経た後――のドイツ連邦官吏の〝変貌〟ぶりを検証する次節への手がかりを得たい。

(1)　ＳＰＤ政権下における官吏の意識変化

一つとに知られるように、ドイツでは、一九六〇年代以降、全土にわたって各種の行政改革が試みられるようになった。例えば、自治体の領域区画改革（Gebietreform）や、しばしばこれと連動して試みられた任務配分に関する改革（Funktionalreform）がそれである。その後も、〝改革オイフォリー〟（Ｇ・ピュットナー）は止むことを知らず、六〇年代後半からは連邦の行政組織改革が開始され、複雑な行政需要に対応可能な政府・行政機構のありかたが模索されはじめた（参照、第一部第二章）。これに遅れること数年、時代に適った活動能力ある公勤務員制を創出すべく、「公勤務法改革調査会」が一九七〇年に初めて召集され、ルーマンやマインツなど名だたる大学教授も参画した。同調査会によって提出された報告書は、残念ながら現在までほとんど実現されないままである。しかし、同委員会により精力的に展開された公勤務制度に関する調査結果は、今日においても依然金字塔的地位を占めている。

その第七巻、ルーマンとマインツによって纏められた『公勤務制度における人間（Personal）』（Luhmann & Mayntz 1973）は、本章冒頭で述べた一九七〇年代における公勤務員の意識変化の予兆を実証的に描いており、今日的観点からみても非常に興味深い内容を含んでいる。

この報告書における基本的な問題意識は、ドイツの公勤務制度改革では、伝統的な官吏と公勤務職員（Angestellte）との区分の撤廃など法的・制度的な問題に関心が寄せられる一方、公勤務員（の志願者）の動機や行動の傾向に関する調査研究が欠落しがちだというところにある（Luhmann & Mayntz 1973: 9）。そこで両氏は、公勤務制度が公勤務員の潜在的志願者に与える誘因効果（Anreizwirkung）、及び占職者がキャリア・システム（とりわけ人事異動システム）から受け取る誘因効果について、その対象が二九一六人にも及ぶ膨大なアンケート調査に基づいた実証研究(27)を行っている。その全体像を描き出すことは、本章の意図するところではなく、ここでは以下の論述と関係する最終章「官吏エートス」（Luhmann & Mayntz 1973: chap. 11）に絞って紹介・検討する。

二

この章において彼らが重要視しているのは、第一に対市民との関係において、行政活動が市民に対するサービスだと理解しているのか、市民からのコントロールに行政が従う用意はあるのか、それとも行政とは市民から超越した立場で決定を行う傾向があるのか、といった「市民志向性（Publikumsorientierung）」が公勤務員の意識の中に見出されるのか否かである。第二の問題は、政治との関係についてである。公務員は、自らの本分が法律の適用だと考え、法律に服することで政治的決定を受容しているのか、それとも政治家や利益集団との関係を政治的にレレヴァントな環境だと理解しているのかなど、「法律志向性」が彼らの役割意識の中にどの程度存在するのかである。そして、第三に、公務員個人の個人的利害や見解との関係では、職務上の利害と公務員の個人的利害が対立したときどちらを優先させるか、あるいは支持する政党の政策を顧慮するのか否か、という「政治的中立性」の有無の問題である。

三　第一点（「市民志向性」）については、職務遂行に際して利害関係を有する市民の利害を考慮し、彼らの意見を聴取すると答えたのは全体の八六％に上り、考慮しない、あるいはどちらともいえないと答えたものは一四％に過ぎなかった。ここには、明確な市民志向性が読みとれる。ただ、行政活動に対する市民による統制についての問いでは、幾分消極的となり、これを積極的に評価すると答えたのが五六％にとどまった。ルーマン＝マインツは、市民に眼を向けると言ってもそれは協調や相互依存を意味してはいないであろうと述べている。つまり、「市民志向性」が垣間見えるといっても、そこでいう「市民」とはいまだ具体的な像として捉えられてはいなかったようである。

第二の法律志向性の有無については、自らの主たる職務を法律の適用に限定して考える公勤務員が四二％、これを否定するのが五〇％とほぼ拮抗している。この質問を肯定する割合の高さに驚く向きもあろう。しかし、ルーマン＝マインツによる調査対象が、ランクで言えば、（総合）大卒ないし専門大学（Hochschule）卒が要件である高級職（höherer Dienst）や、上級職（gehobener Dienst）のみならず中級職（mittlerer Dienst）――このラ

表１：任用にあたり政党所属を判断材料にすることへの評価

	全体 (%)	M.D. (%)	G.D. (%)	H.D. (%)
課長（Referent）	2	2	2	3
局長（Abteilungsleiter）	13	3	16	20
官庁の長（Behördenleiter）	23	7	25	36
我が官庁ではそもそもあってはならない	61	87	56	39
無回答	1	1	1	1
合計数	2,916	891	1,160	865

出典：Luhmann & Mayntz 1973: 255. なお，M.D.＝中級職，G.D.＝上級職，H. D.＝高級職

ンクは、実科学校以上を出てさらに行政学校で一年以上の養成（Ausbildung）期間終了で足る――をも、そして行政のレヴェルでいえば、自治体をも含めていることに意を払う必要があろう。つまり、その職務の大半が調査対象に含まれている〝ゴーイング・コンサーンとしての業務〟（西尾勝）を遂行する公勤務員なのである。また、利益集団との関係を積極的に評価するのが四三％（そのうち、かなり積極的に考えると答えたのが二六％）であるのに対し、これを消極的に判断するのが四五％である。この結果からは、利益集団志向性が徐々にではあれ浸透しつつあったことが窺われる。

ところが、第三の政治的中立性あるいは時の政府に対する忠誠度については、これを消極的に捉える見解がなお支配的であった。全体的にみれば、あるポストへの任命に際して政治的影響力が行使されることについては依然否定的であった。「あなたの所属する官庁内において、あるポストへの任命に際し、政党所属が判断材料とされるべきはどのレヴェルからか」を尋ねた問にも、そもそも政党所属がポスト任命に影響力を持つべきではないと、全体の六一％が答えている。ただ、高次のランクに位置する公勤務員になればなるほどこの傾向は弱まっていることも、調査結果には表れている。高級職に限定していえば、上記の質問に対し三九％がそもそも影響力を持つべきではないと答えたにとどまる（**表1参照**）。したがって、ランクが上がれば上がるほど、政党所属を判断材料に加えることに積極的に

なっている。付言するに、マインツらの研究では、連邦や（都市州以外の）州の官庁に属する公勤務員にはこの傾向が顕著であり、都市州や自治体と対照的な結果が出ている。

四　以上の諸点から、ルーマン＝マインツは、非常に興味深い結論を提示し、本書の結びに代えている。「我々のデータの基礎は、信頼できる判断をなすには余りに貧弱である。しかしそれは、これまで述べてきた調査結果により、以下のような印象を裏付ける。つまり、公勤務員の職業エートスは、徐々に法律の適用から離れ、市民や政治との関係を志向している」(Luhmann & Mayntz 1973: 352; 同様の指摘として、Mayntz & F. W. Scharpf 1975: 60; Mayntz 1997b: 174-176＝マインツ 1986: 164-165)[28]。このように、彼らの調査は、ドイツの連邦官吏に対象を限定してはいないが、各所で、その「政治化（Politisierung）」――この概念に伴う問題については後述する――の兆しを十分に認めることができる。のちにアバーバックらが指摘したように、このときすでに、ドイツの伝統的な官僚イデオロギーである「超党派性（Überparteilichkeit）」――パットナムの有名な二分法でいえば「古典的官僚（classic bureaucrat）」そのものである――、すなわち政党からの超然性が色褪せつつあった。

(2)　政治的官吏（politische Beamte）制概観

(1)で述べた一九七〇年前後における公勤務員における意識変化の背景には、行政任務とりわけ給付行政の増大や提供されるサービスの質的変化なども、その要因の一つとして挙げられるであろう（Mayntz 1997b: 176＝マインツ 1986: 165）。しかし、ここでまず着目したいのが、表1の結果にもその影響が読みとれる政治的官吏（politische Beamte）制度である。なかでも、①ＣＤＵ／ＣＳＵとＳＰＤとの大連立政権からＳＰＤ／ＦＤＰへの政権交代時（一九六九年）、②ＳＰＤ／ＦＤＰからＣＤＵ／ＣＳＵとＦＤＰへの政権交代時（一九八二年）、さらには、

③CDU／CSUとFDPからSPDと九〇年連合・緑の党（Bündnis '90/Die Grüne）への政権交代時（一九九八年）、における次官や局長級等に対する一時的休職制度の運用実態である。この制度の誕生は、プロイセン時代の一八五二年にまで遡る（Mayntz & Derlien 1989: 390）。

一般に、この一時休職制度（及びこれと類似機能を果たす制度）の（特に政権交代時における）積極的運用こそ、戦後ドイツのエリート官僚における「政治化」を進行させる役割を果たしたといわれる。しかし、同制度の運用については、日本では断片的に紹介されるにとどまり[29]、本格的な比較研究が可能な程にその全貌を描き出した文献は存在しない。そこで、まずは一時休職制度の根拠法規からみていくことにしよう。

一　さて、連邦官吏法（Bundesbeamtengesetz, BBG）は、その三六条において官吏の「一時休職制度（Eintritt in den Ruhestand）」に関する定めを置いている。

BBG三六条

①　連邦大統領は、いかなるときでも、以下に掲げる生涯職の官吏（Beamte auf Lebenszeit）を一時休職状態に移行させる（versetzen）ことができる。

1　次官（Staatssekretär）および局長級（Ministerialdirektor）

2　俸給群A16以上にランクされた、外交勤務で高級職にあるその他の官吏

3　俸給群A16以上にランクされた連邦憲法保護庁及び連邦情報局所属で高級職にあるその他の官吏

4　以下　略

②　略

また、州の設ける官吏制度に対して連邦が大枠を定めた官吏大綱法（Beamtenrechtsrahmengesetz, BRRG）の三一条にも「政治的官吏（politische Beamte）」についての条項が存在する。

BRRG三一条

①　生涯職の官吏は、その職権の行使にあたって政府の基本的な政治的見解や目的と継続して一致していなければならない職位についているときは、法律の定めるところにより何時でも一時休職状態に移行されうる。いかなる官吏がこれに該当するかは、法律でこれを定める。

②　略

以上の二つの規定から判るように、標準的なドイツ行政法テキストによれば、上に掲げた職位についている官吏が「政府の基本的な政治的見解や目的と一致しないという推定が正当化されれば、任命権者の裁量により一時休職状態へと〝移行〟される」ことになる。つまり、官吏の政治的立場の如何によって彼が職務を継続できるかどうかが決定される法的仕組みが導入されている。これが、一定以上の職位が「政治的（politisch）官吏」と称される所以である。[30]

ただ、政治的官吏になり一時休職に移行されるのは、生涯職の官吏だけであり、それも現実には次官及び局長級がほとんどである。九七年における連邦の予算総定員一四万一〇三六人のうち、各省次官ほか六三六人がこれに該当する。そのため、政治的官吏といわれている集団は、非常に小規模である。したがって、ドイツで官吏の「政治化」という場合、限られた意味における「政治化」が語られるにとどまる。生涯職の公務員を政治任用的に用いるという点では、アメリカのカーター政権時代に制定された公務員制度改革法（Civil Service Reform Act of 1978, CSRA）の一つの目玉であり、生涯職公務員を時の政権の政策目的に応じて効果的・流動的に配置させ、職務にあたらせることを意図した「上級幹部公務員制度（Senior Executive Service, SES）」と類似している。(31)

二　ここで一時休職制度を論ずるにあたってあらかじめ確定しておくべきは、ドイツの連邦官吏の「政治化」を論ずるとき、単純にBBGが認める「一時休職制度」に視野を限定することが果たして適切か否かである。しばしば日本でドイツの連邦官吏の「政治化」が語られるとき、一時休職制度を唯一の根拠として比較対照されることが多いだけに、よりいっそうの注意が必要である。したがって、本章においても、「政治化」を導く制度が条文上明らかである一時休職制度だけだと決めつけず、これと同一の（少なくとも類似した）機能を果たしうる制度が存在するかどうかを確かめねばならない。

三　これに関して、デアリーンによれば、一時休職制度と――運用如何では――機能的に等価な制度が実は複数存在するという。

その第一が、BBG四二条により、官吏自身の申請により早期に（恩給受給資格を得て）退職する制度（vorzeitige Pensionierung）である（Derlien 1984: 692-693; Derlien 1988a: 54）。これは、健康上の理由によって職務の遂行に支障がある場合には、その旨の医師の診断書があれば六一歳から、六四歳からは医師の診断書がなくとも退職できる。(32)この制度は、一九六九年一月一日から八一年九月八日までの間に、政治的官吏である一一四人の官吏及び五人の公勤務職員に対して、一時休職制度的に用いられた。そして、BBG三六条による一時的休職者数と（恩給受給資格を得た）早期退職者数とでは、一九六九年から七九年までは前者が多かったにもかかわらず、七九年二月一五日から八一年九月八日にかけては、後者が数的に前者を上回る事態が生じている。また、政権が交代した八二年でも同様であった。

このように、政府によって早期退職制度が好まれる理由は、一時休職制度に比して財政的に魅力的だからである。一時休職を命じられた者は、恩給を受け取る以前に、一時休職を命じられた月の翌月から三ヶ月間は従来のポストと同一の俸給（Dienstbezug）を受け取り、その後五年間は従前のポストの七五％にあたる俸給を受け取ることができる（参照、連邦俸給法（Bundesbesoldungsgesetz）四条一項）。近年の一時休職制度をめぐる議論では、休職状態の官吏に高額の俸給を保障しなければならない（八二年から九五年までの一時休職に移行した事務次官に支払われた俸給は、年平均で一九八万マルク！）点が、連邦政府でも「検討の要あり」とされた。かかる問題が、近年の改正連邦官吏法のなかで試用期間つきの管理職制度（管理職の試験的（auf Probe）任用制度）を導入するきっかけとなっている。(33)

四　第二に、「政治的官吏」には至っていないが政治的に重要なポストを占める官吏の配置転換（Umsetzung）も、かなりの範囲で一九六九年から八二年までの間一時休職制度に匹敵する機能を果たした。六九年の一一月二〇日までに高級職に属する七二人の官吏と六人の公勤務職員が配置転換され、四人の官吏が従来の任務遂行義務から解かれている。また、八二年ではその一〇月二五日までに一〇二人が、同年の一二月までにもさらに六人の局長級と一人の部長級が、それぞれ配置転換の憂き目に会っている。逆に、SPDのシュミット政権下で官僚制内における〝内部野党〟に甘んじていたCDU／CSUに近い官僚らは、八二年のコール政権成立後昇進が進められたという（Derlien 1988a: 67; Derlien 1990a: 357）。

ただ、この時期に政治的にさほど重要でないポストへ配置転換されたのは、次官や局長級というよりは、むしろ――政治的官吏に属さない――大臣や次官のスタッフ的業務に従事するポストや、秘書などが多かったことに留意すべきである（Derlien 1988a: 59; Derlien 1988b: 68）。

五　第三に、官吏を行政府の外で、具体的には連邦議会の会派のスタッフとして任用する慣行が存在する。これはちょうど次で述べる外部任用とは正反対の人事慣行であり、議院内閣制のもとで議会と常に共働しなければならない本省官吏にとっては、議会活動の実態について習熟する絶好の機会となっている[34]。その際、官吏は休職（Beurlaubung）という身分的取扱いを受け、かつ国家からの俸給は停止される。しかし、その代わりの給与は各会派が支払うことになり、しかもその給与が、会派によっては官吏としての俸給より高く設定され、さらに本省復帰の際に従前よりも高いポストに就けるよう会派が本省側に働きかける。そのために、官吏が会派スタッフとして働こうと欲するインセンティブが発生するといわれる。この間、官吏としての身分的権利は、以前同様保障されている。通常は二年から四年程度会派スタッフとして勤務し、新たな選挙が行われれば本省に戻るのが通例であるが、中には一五年も会派スタッフの地位にとどまった官吏もいる。

一九九六年におけるその内訳を示したのが次の**表2**である。概していえば、会派スタッフとして勤務するのは中堅レヴェルであり、若手や高級官僚は少数派である。具体的にいうと、日本でいう指定職に該当する俸給群Ｂの官僚は全体の四分の一弱であり、しかも彼らは局長級や部長級ではなく課長級（Ministerialrat）である。また、政党別の内訳では、政権（連立）政党に勤務する官僚のみならず、野党（この当時はＳＰＤ）の議会会派スタッフとして勤務する官僚も少なからず存在する。この事実は、本省官僚が休職扱いのまま会派スタッフとして勤務することが、政権政党による露骨なパトロネージと一線を画していることを表している。

表2：休職扱いで連邦議会会派に勤務する本省官吏数とその会派別内訳（1996年）

課長級（Ministerialrat, B13）	20	CDU/CSU（与党）	45
課長級（Ministerialrat, A16）	34	FDP（与党）	11
参事官級（Regierungsdirektor, A15）	19	SPD（野党）	26
上級書記官級（Oberregierungsrat, A14）	6	Grüne（野党）	0
書記官級（Regierungsrat, A13）	3	PDS（野党）	0
計	82		82

出典：H.Götz, Acquiring political craft: training grounds for top officials in the German core executive, *PA* 75（1997）, p. 768. なお，A13以上は，最上級のラウフバーン集団である高級職（hoherer Dienst）に該当する。

六　そして最後に言及すべきは、すでにアバーバックらのミシガン・プロジェクト[35]でも注目されていた外部者（Außenseiter）の高級ポストへの登用である（Mayntz 1997b: 200＝マインツ 1986: 190-191）。ラウフバーン原則（職ごとに昇進、経歴のコースを定めた原則）によらない外部者は、その法的地位に関してまずは公勤務職員（Angestellte）として採用され、そして通常は、彼らが任用される一つ下のポストに就くことが多い[36]。後に、連邦人事委員会によって彼らに官吏（Beamte）の地位を与える手続が開始されることになる。

そこで、①一九六九年一二月から翌年の六月、及び②八二年一二月から翌年六月という二つの政権交代直後の期間（六ヶ月）[37]に空位となった政治的官吏のポストに、いかなる人員が配置されたかをみてみると、約二割の政治的官吏が外部から登用されていることが分かる（**表3**；Derlien 1988a: 62; Mayntz & Derlien 1989: 391）。この割合は、連邦官僚制に身をおいたことのある者であれば誰でも、政権交代時の政党による人事介入の実態を否定しない程度に至っているといえよう。アバーバックらによる一九七〇年調査でも、その高い割合は彼らには「幾分予想外[38]」であった。というのも、彼らの調査結果によれば、SPDを支持する次官級・局長級のうち四九％が中央政府外に身を置いた経験があり、CDU／CSU支持者及び支持政党なしの次官級・局長級でもその割合は全体の二〇％だったからである。アバーバックらは、この高い数値はSPDが戦後初めて本格的に政権についたとき、連邦官僚の中にその支持者が少な

表３：政治的官吏の供給主体

	①		②	
採用	数	%	数	%
外部登用	10	20.4	12	20.7
純粋なローテーション	3	6.1	6	10.3
省内の昇進	26	53.1	26	44.8
他の連邦機関からの昇進	1	2.0	3	5.2
州や自治体からの採用	6	12.2	8	13.8
復職（reaktivisierung）	2	4.1	1	1.7
不明	1	2.0	2	3.4
計	49		58	

出典：Derlien 1988a: 63; Derlien 1989: 177; Mayntz & Derlien 1989: 392. なお，①は1969年10月〜70年６月，②は，82年10月〜83年６月。

かったため、やむなく外部からの任用を増加させたのだと、その理由を分析している。次章で詳述するマインツ＝デアリーンの一九八七年調査でも、全体のうち、一五％の政治的官吏が通常のラウフバーンを経験していないという。

しかし、反対解釈をすると、政権交代時において一時休職制度等の活用により空きポストが発生した場合でも、八〇％は内部昇進など別のルートから人員が供給されている。しかも、上述した連邦人事委員会は、他の生涯職官吏の昇進の可能性が減少することを、外部採用者の審査に際して考慮している。というのは、彼らは、アメリカのポリティカル・アポインティーと異なり、自らを本省勤務に命じた大臣らが省外に去った後にも、大臣らと命運をともにすることなく省内で勤務し続けるのが通例だからである。(39) そのため、外部採用者はドイツの公勤務制にとってさほど典型的なものではなく、むしろ「マージナルな現象」（Derlien 1994: 95）だと評価するのが正鵠を射ていよう。したがって、両者は、日本で想像されるほどに連動してはいない。空きポストの大半は依然として連邦官僚によって占められている（Derlien 1988a: 63; Derlien 1989: 178; Derlien 1996: 157）。つまり、政権交代時において「数多くの机の向こうに新しい顔が並んでいるが、しかしその顔は見慣れた顔が大半である」（Mayntz 1984b: 65）。

また、先ほど述べた人事委員会の審査にかけられるケースをみてみると、その大半は、民営化される以前の連邦郵便（Bundespost）や連邦鉄道（Bundesbahn）の所属にかかわるものであるという。したがって「外部採用は、政治的な動機を有する任用だけが意図されているのではない」（Derlien 1988a: 54）ことにも留意する必要がある。

七　ここで述べたことから、一時的休職制度を、ドイツの連邦官吏を「政治化」する手段として位置づけ、実証分析を行う場合には、それが「多くの配置転換（Fluktuation）手法の一つに過ぎ」（Derlien 1984: 692）ず、官僚の「政治化」を測定する一つの指標にとどまることに注意すべきであろう。しかし、筆者は、一時休職制度以外の配置転換に関する網羅的な一次資料や文献を現在まで入手していない。また、そもそもこうした制度運用について、個別のケースまで立ち入って実態を把握することは難しいであろう。そのため、ここではやむなく、その実態を鳥瞰可能な一時休職制度に限定して論述を進めることにする。

(3)　政治的官吏（politische Beamte）制の実態

一　すでに述べたように、連邦官吏法の一時休職制度（三六条）は、一九五三年以降徐々に用いられるようになってきた。**表4**は、連邦議会による文書質問等に対して連邦政府が明らかにしてきた一時休職者数に、デアリーン独自の調査を加えたものである。なお、彼が独自に調査をした一九八三年分については、次官及び局長級の一時休職者数しか含まれていない。

また、二度の政権交代後六ヶ月間における一時休職者数（次官および局長級に限定）をさらにピックアップしたのが、**表5**である。

さらに、連邦政府の文書質問に対する最近の回答によると、長期にわたったコール政権でも、八二年から九五

表４：被選期（Wahlperiode）ごとにみた一時休職者数（その１）

被選期	(年)	数	被選期	(年)	数
I	1949	0	II	1954	?
	1950	0		1955	?
	1951	0		1956	?
	1952	0		1957	?
	1953	0			
	計	0		計	?
III	1958	?	IV	1962	?
	1959	?		1963	?
	1960	?		1964	?
	1961	?		1965	?
	計	?		計	?
V	1966	?	VI	1970	36
	1967	?		1971	13
	1968	?		1972	12
	1969	24*1			
	計	?		計	61
VII	1973	22	VIII	1977	5
	1974	17		1978	6
	1975	4		1979	2*2
	1976	5		1980	?
	計	48		計	?
IX/X	1981	*3			
	1982	42*4			
	1983	6*5			
	計	?			

出典：Derlien 1984: 691（一部修正）
＊１：10月20日～12月20日のみの人数
＊２：１月１日～２月15日のみの人数
＊３：1981年９月８日～82年10月７日は，一時休職者が１名も存在しない。
＊４：10月７日～12月７日のみの人数
＊５：１月１日～８月31日のみの人数
※なお､下線部の年は政権交代が生じた年である

年末までのあいだに二四名の次官が一時休職状態に置かれ（ただし、一時休職を命じられた具体的な時期については不明）[40]、同様に次官以外の政治的官吏のうち七一名が一時休職状態に置かれた。さらに、**表6**では、八三年以降における次官以外の政治的官吏の一時休職者数を示している。

この三つの表から分かるように、たしかに一時休職者は、戦後徐々に用いられるようになり、それも三度の政権交代時（一九六九年、八二年、九八年）においてこれが著しいことが分かる（政権交代後約二ヶ月のうちに、それぞれ二四人、四二人、五一人）。しかしながら、一時休職者が政権交代時に限って発生するわけではなく、比較的安定していた一九七二年の政権交代後しばらくも、しばしば一時休職制度が用いられているし、戦後ドイツの中でも比較的政権が安定したコール政権においても、ほぼ毎年数人が一時休職とされているのは興味深い。しかも、**表7**から分かるように、一時休職を命じられるものの中には、政権交代後、現政権の下で次官や局長等の地位に

表５：政権交代後における一時休職者数

職位＼時期	1949－1984 一時休職者	1949－1984 総数	① 一時休職者	① 総数	② 一時休職者	② 総数
次　官	56	155	11	27	13	24
％	36.1		40.7		54.2	
局長級	87	436	27	88	35	104
％	20.0		30.7		33.7	
合計	143	591	38	115	48	128
％	24.2		33.0		37.5	

出典：Derlien 1989: 174. なお，①は1969年10月～70年６月，②は82年10月～83年６月。

表６：被選期ごとにみた一時休職者数（その２，但し次官を除く）

被選期(年)		数	被選期(年)		数	被選期(年)		数	被選期(年)		数
X	1983	8	XI	1987	6	XII	1991	7	XIII/XIV	1995	3
	1984	0		1988	2		1992	1		1996	1
	1985	3		1989	1		1993	6		1997	?
	1986	1		1990	0		1994	3		1998	51*1
	計	12		計	9		計	17		計	不明

出典：BT-Drucks. 13/8518 から筆者が集計。なお，98年分のみ Bundestag, *Plenarprotokoll* 14/7.

＊１：政権交代後の98年10月27日～11月16日の人数（この数値のみ次官を含む）

表７：82年以降の一時休職者数（政権交代後に一時休職を命じられる現ポストに初めて就任したもののみ）

年	一時休職者数	年	一時休職者数	年	一時休職者数
1982～84	0	1989	1	1994	2
1985	1	1990	0	1995	2
1986	0	1991	7	1996～97	0
1987	2	1992	0		
1988	1	1993	5		

出典：BT-Drucks. 13/8518

初めて就いた者が含まれている点は大変興味深い。

ここで掲げた数字からすれば、一時休職制は政権交代時以外でも用いられており、政権交代に伴う政治（党派）的な忠誠心の欠如といった「政治的」な理由だけで活用されるとは限らないことが分かる。政権交代時においても、「政治的」な事情を奇貨として、能力のない官吏を――彼の体面を汚すことなく――排除することすら可能である（Mayntz 1984b :63）。したがって、この制度を通じて一時休職制度状態に置かれるに至ったとしても、そのすべてが党派的な理由から行使されたとは決して断定できない。

マインツによれば、一時休職制度は、政権交代時ですら広範囲に用いられると、連邦官吏の中での敵意を増大させるだけであり、大臣は、これに代わる措置を講じざるを得ないという――そしてその代替措置ですら、既に述べたように、行使できる可能性が限られているのであるが――。さらに、一時休職を命じられた官吏から異議申し立てや訴訟が提起されることもあり[41]、一時休職に際しては各省各大臣は慎重な判断をせざるを得ない。結論として、これらの数字は、法律上行使しうる一時休職制度がむしろ部分的にしか利用されていないことを示しているといえよう。

また、表5の①の時期よりも②の時期が、一時休職者数に関して意外にもドラスティックな結果を示している。一時休職者制度の行使に関して、六九年のほうが八二年に比べて「むしろ穏健」（Derlien 1988a :58）だったのはなぜであろうか。その理由は、ＳＰＤが六九年以前より大連立政権の一翼を担っていたために、すでにいくつかの省で独自の人事政策を展開していたこと――ＳＰＤは当時すでに六つの大臣ポストを占めていた――、また、ＣＤＵ／ＣＳＵが政権に復帰するまでに局長級のポストが八八から一〇四に増加したことなどから説明される。ＣＤＵ／ＣＳＵはわずか一二年で政権に復帰できたため、多くの次官を一時休職状態に追いやり、その空きポストの大半は、省内に〝潜んでいた〟かなりの数の党員や支持者で充足したといわれる。次に、九八年の政権交代では①及び②の時期より一時休職者がさらに増えたのはなぜだろうか。その理由は、長年、ＣＤＵ／ＣＳＵやＳＰＤと連立政権を組んできたＦＤＰが大連立政権時以降初めて野党となり、戦後初の全面的な政権交代が実現したことによるものと推定される。

二　次に、省ごとの差異に着目した一時退職者数をみてみよう。これまでのドイツの連邦官僚制に関する研究は、築島尚[42]も指摘するように各省間の差異が看過されてきた。実際に存在するのは federal bureaucracy ではなく、federal bureaucracies なのである。ドイツの連邦官僚制は、省庁ごとに利害関係を異にし、政策過程の様々な局面に登場する。こうした点は日本官僚制についてもしばしば指摘されるところであるが、その原因の一端が、憲法の規定に明確に求められる点（後述する「所轄原則（Ressortprinzip）」）に、ドイツの特徴がある。ドイツにも、パットナムのいう古典的官僚に近い官僚を抱える省もあれば、政治的官僚を体現する官僚を数多く配置する省も考えられよう。

そこで、一九六九年一月一日から八三年八月三一日までの一時休職者数を、縦軸を省別に、そして俸給群（Besoldungsgruppe）[43]を横軸にして分類したのが**表8**である。

表8を一瞥してすぐに気づくのが、一時休職者全体の約三〇％を連邦外務省が占めているという事実である。それも、ほとんどが次官級および局長級よりも下に集中している。また、連邦最高官庁のうち、連邦内務省と連邦宰相府だけがＡ16からＢ６というレヴェルで一時休職者を出している。さらに興味深いことには、上記の期間内に次官から一人も一時休職者を出していない省が存在する（例えば、連邦研究技術省）。デアリーンによると、外務省の場合には、次官を務めた後、ラウフバーンには大使のポスト（Botschaferpost）が残っているからであるという（Derlien 1984: 694）。その他、上記の結果を説明する要因としては、大臣の交代の頻度や省間の人事

表8：省ごとにみた一時休職者数

俸　　給　　群	B11	B 9～10	B 6	B 3	A16	計
連邦宰相府	3	6	3	4	5	21
連邦外務省		4	18	26	15	63
連邦法務省	2	2				4
連邦大蔵省	3	8				11
連邦内務省	3	7	2	1	4	17
連邦経済省*	1	4				5
連邦食料農林省	2	1				3
連邦労働社会秩序省	4	6				10
連邦国防省	5	8				13
連邦青年家庭保健省*	4	7				11
連邦交通省*	2	5				7
連邦国土計画建設制度都市建設省*	4	3				7
連邦ドイツ国内関係省*	2	3				5
連邦研究技術省*		2				2
連邦郵便逓信省*	1	3				4
連邦教育学術省*	2	4				6
連邦経済協力省	3	7				10
連邦政府新聞情報庁	3	6				9
連邦大統領府	1	1				2
計	45	87	23	31	24	210

出典：Derlien 1984: 694. ただし，公勤務職員の地位を有する局長及びコール政権のもとでの当初の政府広報官（Regierungssprecher）は除かれている。なお，＊印を付した省は，今日，統廃合等がなされその名称を変更している。

ローテーション、とりわけ一九六九年から始まった連邦宰相府とその他の省との人事ローテーションが挙げられている。(44)

以上から、一時休職制の積極的な運用は、ドイツの連邦省庁全体に満遍なく同程度に浸透してはいないことが分かる。その意味で、表8は、省間の「政治化」に関する濃淡の存在を確認するに足る有意義なものである。この〝濃淡〟が生じた理由の一つは、後述する「所轄原則（Ressortprinzip）」という憲法上の根拠をもとにそれぞれ独自に形成されてきた「行政文化（administrative Kultur）」（Derlien 1984: 695）にも求められる。

とりわけ人事に関しては、同原理から派生する「人事高権（Personalhoheit）」が徹底されており、採用方式から して各省ごとに全く異なる。(45) 日本の人事院に該当するような中央人事行政機関は、ドイツには存在せず、各省が採用のための組織や候補者の選抜に独自に責任を負うという多元的な公務員制度が採られている。空席が生じたときには、新聞等に広告を出して募集する省もあれば、候補者に個人的に接触するという省もある。選抜のために省内に委員会を設置することも例外で、いかなる省も採用の際の公式的な選考基準を持っていない。通常は、省内の人事課と新しい採用を希望するラインの課との間のインフォーマルな合意によるのである。

三　最後に、一時休職がどれくらいの割合で復職（Reaktivisierung）するかを探ってみよう。六九年の政権交代と比較して、八二年の政権交代では、一時休職を命じられた平均年齢が下がっている（六〇・六歳から五一・二歳へ）ことからしても、一時休職者のその後の身の振り方は、非常に関心をひかれるところである。

常識的には、一時休職は官吏がいわば「待命」状態におかれているわけであり、その文字どおりの意味からすると復職する割合も少なくないとも予想される。しかし、復職するのは例外なのである。例えば、一九六九年から七九年までの一時休職状態におかれた一五〇人のうち、外交部門で復職したのが一四人であった。また、六九年から八一年に一時休職に移行した官吏一六一人のうち、一九人が他の公勤務領域の職についているに過ぎないという。中には、会計検査院長に就いた者などもいるが、民間企業、大学、連邦議会の議員あるいは政党関連の団体などに〝第二の人生〟を求める官吏もいる。

以上、本節では、七〇年代前後の公勤務員の意識変化から説き起こし、ドイツ連邦官吏の「政治化」をもたらした一要因といわれる一時休職制度等を、法制度面と実態面とから分析してきた。たしかに、自己イメージとしての連邦官吏は、ヴェーバーが「理念型」として描くところの官僚像や、かつての政治や市民から超然たる官吏イメージからはかけ離れてきている。また、この変化をもたらした要因の一つが、一時休職制度、及びこれに機能的に代替しうる各種制度の運用であったことも明らかにされた。あたかも、ドイツの連邦人事行政には、じわりじわりと党派色が滲んできているかのごとくである。アバーバックらがドイツの官僚集団の自己イメージを、専門技術的機能と（本来政治家が有してきた）政治的な感覚とを兼ね備えた「融合」イメージで捉えようとするのも、十分理由のあるところである。

ところが、事柄はそう単純ではない。統計資料の分析の中で示してきたように、一時休職制度などの運用が満遍なく浸透していないことからしても、「融合」イメージで捉えられる連邦官吏をストレートに導くことはできない。果たして、ドイツにもアメリカや日本でいわれる政治家と行政官の「融合」現象は、本当に存在するのであろうか。別言すれば、ドイツにも政権交代の度に、H・ヘクロのいう「他人の政府（government of strangers）」(46)の問題が発生してきたのであろうか。次節では、マインツ＝デアリーンが一九八七年に調査した比較エリート研究に主として依拠しつつ、「融合」イメージの通用可能性をさらに突き詰めて検証してみよう。

第二節　ドイツにおける政官関係論

(1)　ドイツ連邦官吏の「政治化（Politisierung）」の実態

政官関係に関する議論のフレーム・オブ・レファレンスとしてしばしば引き合いに出されるアバーバック他『西側民主主義国家における官僚と政治家』（一九八一年）は、政治家と官僚との「融合（hybrid）」傾向が、アメリカに次いで――「幾分程度は下がるが」――ドイツにもここ十年で見出されるようになったことを指摘し、同書の結びに代えていた。[47] 彼らの調査から十七年の年月を経た後、ドイツの連邦官吏は、彼らがイメージした[48]“pure hybrid”へと変貌を遂げたのであろうか。そこで、この疑問を解明すべく、まずはマインツとデアリーンによるエリート・サーベイをもとに、ドイツ連邦官吏の「政治化（Politisierung）」の実態に迫ってみよう。

一　まずは、「あなたは、時の経過〈一九七〇年以降――筆者註〉と共に、上級官吏（Leistende Beamte〈課長以上をさす――筆者註〉）のタイプに変化があったと思いますか」という、パットナム調査以降に官吏が“変化”したかどうかに対する回答からみてみよう（**表９参照**）。

この結果からすれば、パットナムによる調査以降、連邦官吏の行動志向性に変化がみられることを、当の官吏自身が認めている。この問は、所属する政党とは統計上関係がない。その変化の具体的内容（複数回答）としては、「官吏が政党に依存するようになった」と答えたのが全体の二四・八％、また、「官吏が政治的になった」と回答したのが二四・〇％と、官吏の政治的なセンシビリティーの高まりが指摘されている。もっと率直に、「約

表9：上級官吏のタイプに変化はあったか？

	数	%
全くその通り	83	56.8
ある程度，あるいは一定の職位では変化あり	39	26.7
特に変化なし	13	8.9
全く変化なし	8	5.5
分からない等	3	2.1
計	146	

出典：Derlien & Mayntz 1988: 15

表10：官吏の政党政治化現象の存否

	数	%
全く正しい	72	49.3
幾分正しい	54	37.0
分からない等	8	5.5
むしろ正しくない	5	3.4
全く正しくない	7	4.8
計	146	

出典：Derlien & Mayntz 1988: 16

二〇年前からドイツでは官吏職の政党政治化が語られています。この主張は正しいと思いますか」と、官吏の「政治化」について尋ねたのが次の**表10**である。

このアンケート結果をみれば一目瞭然のように、圧倒的多数の官吏が「政党政治化（Parteipolitisierung）」という意味での「政治化」の進行を認めている。これを否定する官吏は、全体のわずか一〇％にも満たない。

二　次に、「政治化」の進行の度合いを探る上で重要な指標である、官吏の政党所属の問題について検討してみよう。ドイツ連邦官吏の政党所属が増加していることは、しばしば指摘されているところであるが、その事実を下記の**表11**は裏打ちしている。一九七〇年代前半以降、公然と自らが党員であることを認める官僚は、明らかに増大している。いうまでもなく官吏にも、憲法上の権利として政党加入の自由が保障されており、加入・

表11：官吏の政党所属

CDU/CSU

	次官		局長		部長		部長以下		全体	
年	数	%	数	%	数	%	数	%	数	%
1987	8	61.5	25	47.2	8	17.8	12	37.5	53	37.1
1981	0	0.0	4	8.9	7	10.0	－	－	11	9.2
1972	0	0.0	6	13.6	11	13.0	－	－	17	12.5
1970	－	－	4	10.3	5	11.1	3	7.3	12	9.6

SPD

	次官		局長		部長		部長以下		全体	
年	数	%	数	%	数	%	数	%	数	%
1987	0	0.0	4	7.5	10	22.2	3	9.4	17	11.9
1981	3	60.0	17	37.8	17	24.3	－	－	37	30.8
1972	3	42.9	11	25.0	12	14.1	－	－	26	19.1
1970	－	－	11	28.2	5	11.1	5	12.2	21	16.8

FDP

	次官		局長		部長		部長以下		全体	
年	数	%	数	%	数	%	数	%	数	%
1987	1	7.7	5	9.4	4	8.9	2	6.3	12	8.4
1981	0	0.0	6	13.3	8	11.4	－	－	14	11.7
1972	3	42.9	1	2.3	3	3.5	－	－	7	5.1
1970	－	－	0	0.0	1	2.2	1	2.4	2	1.6

無所属

	次官		局長		部長		部長以下		全体	
年	数	%	数	%	数	%	数	%	数	%
1987	4	30.8	19	35.8	23	51.1	15	46.9	61	42.7
1981	2	40.0	18	40.0	38	54.3	－	－	58	48.3
1972	1	14.3	26	59.1	59	69.4	－	－	86	63.2
1970	－	－	24	61.5	34	75.5	32	78.1	90	72.0

出典：Mayntz & Derlien 1989: 388．なお，1982年まではSDP及びFDPが与党，それ以降はCDU/CSU及びFDPが与党

不加入は私事だとされる。したがって、人事ファイルには政党加入に関する項目は設けられてはならず、また、政党所属に応じたあからさまな昇進・採用がなされるとすれば、それは憲法違反となる。かつては、連邦官吏の非党派的な性格は、一般に受容されたインフォーマルな規範であった。パットナムが調査を行った七〇年には、政党所属の有無については直接的に質問をせぬようアドバイスを受けたという程である。しかし、表11から分かるように、今や官吏は臆面もせず自らが所属する政党名を明らかにするようになった。ここには、官吏就任の要件としてナチスに入党するよう要求されていたことに端を発する、官吏の政党所属への心理的障壁が、戦後の民主化が進展する中で徐々にフェード・アウトしたことが窺える。

表11から分かるように、一九七〇年段階では、官僚の二八％（九・六％＋一六・八％＋一・六％。なお、七〇年調査では、次官は対象とされていない）しか特定政党への所属を明らかにしていなかったのが、一九七二年には、政党所属を明らかにする官吏が四〇％近く（一二・五％＋一九・一％＋五・一％）にまで到達している。さらに一九八七年には、五七・四％（三七・一％＋一一・九％＋八・四％）に至っている。明らかに、上級官吏のなかで政党に所属しようとする傾向が強まっている。

さらに、官吏が所属する政党と政権党との関係について分析してみよう。一九八七年では、CDU／CSUに所属する官僚が五三人、FDPの党員が一二人であったのに対し、野党であるSPDの党員であることを明らかにした官僚は、一七名にとどまり、次官クラスに至っては〇名である。逆に、SPDとFDPが政権に就いていた一九八一年には、次官に三名、局長に一七名、部長に一七名がSPDの党員であったなど、SPDやFDPに属する官僚が多数派であった。このとき、CDUの党員である次官は〇名、局長でも四名にとどまっている。この数値から分かるように、政権交代後の一時休職制度等を通じた人事政策により、そのときどきの政権党に所属する官僚が多数派を占めている。ここでは、次官や局長といったランクが与える効果が顕著に調査結果に表れて

表12：官吏の「政治化」をどう評価するか

	数	%
非常によい (sehr gut)	7	5.0
比較的よい (ziemlich gut)	8	5.8
分からない等	25	18.0
むしろ否定的 (eher negativ)	62	44.6
明らかに否定 (entschiedene Ablehnung)	37	26.6
計	139	

出典：Derlien & Mayntz 1988: 16

おり、次官には野党の党員が通常皆無である一方、局長以下のランクになるとその数が増大している。

三　官吏はこの「政治化」をどのように評価しているのであろうか。この結果をまとめたのが、**表12**である。

表12によれば、官吏の「政治化」に対しては、「むしろ否定的」と「明らかに否定」の両方をあわせると全体の約七〇％となり、人事政策の「政治化」に対する官吏の懸念が十分に読みとれるであろう。

それでは、彼らは、自らが携わる職務の政治的側面までも疎ましいものとして忌み嫌うのであろうか。この疑問に関して一定の方向性を指し示しているのが、「上級官吏は、単に行政のみならず政治の領域でもある中間領域でしばしば活動しなければなりません。あなたは、自分の職務の政治的側面についてどう思いますか」という、官吏の職務の政治的側面をどのように評価するかをたずねた**表13**である。

驚くことに、自らの職務に政治的側面が伴うことに関しては、「非常に好ましい」と「留保付きながらも好ましい」と答えた官吏を合計すると、全体の八七・八％にも上る。この結果は、パットナムによる七〇年調査と比較すると、一層特徴的である。なるほど七〇年調査でも、「非常に好ましい」が全体の四五・二％、「留保付きながらも好ましい」と回答したのが二二・二％と、この時期ですでに

表13：職務の政治的側面に対する官吏の評価

	数	%
非常に好ましい	113	76.9
若干の留保付きながらも好ましい	16	10.9
どちらともいえない。政治的側面は不可避。特別の感情もなく行われる。いい面も悪い面もあり	9	6.1
好ましくない	6	4.1
何ら政治的側面は存在しない	3	2.0
計	147	

出典：Derlien & Mayntz 1988: 10

全体の三分の二が自らの職務に政治的な要素が伴うことを肯定し、かつこれを許容していた（Mayntz & Derlien 1989: 394）。しかし、その一七年後には、さらに二〇％以上の官吏までがこの見解に同調するに至っている。

四　これまでの分析を踏まえていうならば、ドイツの連邦官吏は、（とりわけ上級）官吏の「政党政治化」に対しては決して好意的ではないにもかかわらず、自らの職務の「政治的」側面にはむしろ好意的であるという結果が導かれる。「政党政治化」に対するネガティブな態度と職務の「政治的」側面に対する好意的態度という、一見矛盾するかにも思われる回答が併存している。そこには、官吏の役割意識に関する「政治化のパラドックス（politicization paradox）」（Derlien 1988a: 55; Derlien 1994: 105-106; Derlien 1996: 158）を見て取ることができる。したがって、この結果は、「政治的」あるいは「政治化」といっても、少なくとも二つの意味――すなわち、(1)機能的な意味における「政治化」と、(2)党派的という意を含んだ「政治化」――がありうることを推測させる（参照、Derlien 1996 :149）。したがって、「政治的」あるいは「政治化」といった表現を用いる場合には、議論を混乱させぬよう相当程度の注意が必要である。本章においてわざわざ括弧を付して「政治化」という表現を施してきたのは、この故である。

(2)「融合（hybrid）」イメージの当否

これまでの考察から、果たしてドイツの連邦官吏は、アバーバックらのいう、政治家と官僚との二つの役割を併せ持った「融合」イメージに合致すると理解してよいのであろうか。なるほど、ドイツの連邦官吏は、次官に近づけば近づくほど政党所属の割合が高まり、そして役割意識の面でも彼らの職務の政治的側面を好ましいものと考えていた。こうした官僚の「政治化」現象は、パットナムが調査した七〇年よりも格段に進行していることは、誰の目から見ても疑いない。『西側民主主義国家における官僚と政治家』から時を隔てること七年後、「融合」イメージを再論したアバーバック＝ロックマン（B. A. Rockman）が、ドイツにおいて「一定範囲の官吏が〝政治的〟クラスの人間であることは明らかだ(49)」という見解を述べるのも、首肯しうるところである。

しかし、上級官吏のなかに政党所属者、とりわけ政権与党所属者が増加している傾向が、官僚行動の党派化といった態度変化へと結びつくのかどうかは、すぐさま結論を出せる問題ではない。マインツらの調査では、官吏の政治への関与はむしろ低いことが読みとれる。七〇年の調査では、一七・一％の官吏が自らを「政治的にアクティブ」だと答えたのに対し、八七年の調査ではそのパーセンテージが八％増加したにとどまる。もちろん、この増加率をどう評価するかであるが、官吏の政党所属数の増加率と比べて、そう高くはない。政党との接触割合についても、党籍を有する官吏とそうでない者との間に顕著な差異は認められない（Mayntz & Derlien 1989: 393）。

一時休職制度も、すでにみたように適用される職位数が極めて少ない。しかも、その職位へ執政部の意向に沿った人間を外部から直接配置できるのではなく、あくまで閉鎖的なキャリアシステムを通じて人員が供給されるという意味で、限られた範囲で「政治化」をもたらすことのできる制度であった。しかもその運用は、政権交

表14：政治家と官吏に課せられる要請や両者の特性の異同

	70年調査（%）	87年調査（%）
両者はほぼ同一視される。重なり合うところが非常に多い	0.0	2.0
両者はしばしば類似している重なり合うところが存在する	15.6	8.8
類似点も相違点も存在する	23.7	23.1
両者はしばしば類似していないように思われる。相違点が多い	32.6	38.1
両者は全く異なる。重なり合うところなどない	28.1	27.9

出典：mayntz ＆ Derlien 1989: 395

代時でさえも、一般に受ける印象とはかけ離れて、かなり控えめに行われている。また、一時休職制度と機能的に類似する早期退職制度などの制度も存在し、運用されてはいるが、こうした制度を利用する可能性もまた限られたものであることも、すでにみてきたとおりである。

二

さらに、意識調査においても、主として政治的観点から採用・昇進されたと目される当のエリート官吏ですら、官吏の「政治化」について非常に批判的である。加えて、七〇年調査の段階よりもエリート官吏の政党加入率が増加している八七年調査の方が、「上級官吏に課せられる要請や特性は、政治家のそれにどの程度匹敵しますか」という問いに対して、両者の差異を強調している（**表14**）。ここから言えることは、上級官吏の人事に対する党派的な介入がなされればなされるほど、それだけ両者の機能的差異を官吏自身が実感するということであり、本節冒頭で掲げた問題を考える上で非常に示唆深い。

マインツ＝デアリーンは、政治家と官僚とに課せられる要請や備えている特性の具体的内容についても、続けて官吏に質問している（Derlien ＆ Mayntz 1988: 12-13）。七〇年調査及び八七年調査のなかで、政治家と官僚の役割や特性の差異について官吏が最も強調したのは、「官吏は政治家よりも専門知識を有している」という項目である（七〇年が四四・四％、八七年が四五・九％）。これとは逆に、政治家と官僚との特性・要請に関する共通点を尋ねた質問の中で、官僚の中で最もパーセン

表15：政権交代後に従前の政府の政策を支持するか否か

	数	%
十分容認できる	3	2.1
留保付きで容認	8	5.6
どちらともいえない	5	3.5
むしろ否定的	13	9.2
容認できない	113	79.6
計	142	

出典：Derlien & Mayntz 1988: 26

テージが高かったのは、「両者は共に政策形成に携わっている」（二二・二%）と、「両者は共に政治（Politik）と関わっている」であった（二一・〇%）であった。加えて、「かつての調査では、官吏はその自己理解において各々異なっているということが確認されました。あなたは、以下述べるタイプにどの程度当てはまりますか」（一＝全く当てはまる、二＝幾分当てはまる、三＝あまり当てはまらない、四＝全く当てはまらない）という質問には、「問題解決のための専門知識を備えたエキスパート」、「政治的意図の実現者（Umsetzer）」、そして「新しい施策や問題解決の発案者」が、官吏全体の平均で一・四であった。これらに次いで、「国家の代表者（Repräsentant）」が一・七であった。さらに、「対立する諸利益の調停者」が一・八と続く。これに対して、「広範な社会集団及び一般的な社会的要求の代弁者」が二・四、「組織的な個別利益の擁護者」と「特定の施策を実現しようとする政党政治家（Parteipolitiker）」に至っては、平均三・七にとどまっている。これらの数値と、同一の質問に対する政治家による回答（Derlien & Mayntz 1988: 12-13）とを比較すれば、政官の自己イメージないし役割意識の相違は、疑うべくもない。

三　こうした自己イメージや役割意識の相違を裏付ける補強証拠として、「政権交代後には、新しい政府の綱領と従来の省が展開していた政策との間に、コンフリクトがしばしば生じます。こうした状況で官吏がなお以前の省の政策を引き

表16：政府の施策が望ましくないと感じられる場合の行動（複数回答）

	数	%
決定権者に働きかけて見解の変更を促す	120	82.2
職を辞する	22	15.1
配置転換を請う	17	11.6
すぐさま実施に移す	16	11.0
このような事態は存在しない	3	2.1
計	146	

出典：Derlien & Mayntz 1988: 27

続き支持することを、あなたは容認できますか」という質問に対する官吏の回答がある（表15を参照）。

この結果からすれば、政権交代後にもかつての政策に固執する官吏は、無視できるほどに少なく、逆に、新しい政府の政策を受け入れると答えた官吏は、全体の八〇％である。

また、官吏の関心のベクトルが、所属するあるいは支持する政党というよりは、むしろ自らの所管に属する専門的・技術的な政策内容に向けられていることを端的に示す資料が、次の表16である。「政府の綱領の中に、あなたが望ましくない、あるいは適切ではないと考える、あなたの所掌領域にかかわる提案が明らかに含まれている場合、いかなる行動が適切だと思いますか」ということをたずねた問いについて、すぐさまそのプログラムを実施に移すと答えた官吏は一一％にとどまり、圧倒的多数の官吏（八二・二％）は、まずはその見解を変更するよう決定権者に働きかけると答えている。

この二つの回答内容から推察されるのは、権力ゲームに参画し、自己のパワー拡大を目標とする政党政治家的官吏というよりは、むしろ、政治的なセンシビリティーを保ち自らの行為の政治的側面を認めつつも、自らが関わる政策内容の維持・推進を主要な関心事とする、政策エキスパートとしての官吏のイメージである。

表17：政策立案過程への官吏の影響力

	数	%
非常に強い影響力	45	31.3
強い影響力	69	47.9
幾分かの影響力	24	16.7
わずかの影響力	6	4.2
ほとんど影響力なし	0	——
計	144	

出典：Derlien & Mayntz 1988: 27

四　したがって、全体的な評価としては、ドイツの連邦官吏は、アバーバックらのいう「融合」イメージに合致する段階には至っていないと言わねばならない。ドイツの連邦官僚は、明らかにそのキャリア・パターンが政治家のそれと異なっている（Derlien 1990b; Derlien & Pappig 1990を参照）のみならず、役割意識の面で基本的な相違が存在する。なるほど、ドイツの連邦官僚、とりわけトップの連邦官吏は「政治的」である。しかし、ここでいう「政治的」とは、権力志向という意味でのそれではない。エリート官吏は、自らの主たる職務が政策の開発（policy development）だと認識し、政策過程への影響力の強さやその権力的インプリケーションを重々自覚してはいる（**表17を参照**）。しかし、主として「政策志向あるいはプログラム志向」という意味で、「政治的」であるにとどまる（Mayntz 1983e :484; Mayntz 1984a :201 ;Mayntz 1984b :67; Mayntz & Derlien 1989 : 394）。

七〇年代から顕著になった官吏の党派的アイデンティティーの増加は、決してその政策志向性あるいはプログラム志向性を減ずるものではなかった。したがって、トップ官僚における党籍保有者の増大傾向や、一時休職制度の存在及びその運用実態から、すぐさま「融合」イメージの官僚像をダイレクトに導出することは、厳に慎まねばならない。

五　ここで紹介した質問については、とかく理想的・建前論的な回答がなされがちだという批判もあろう。〝かしこい〟官吏であれば、本音を明らかにしないのではと、といぶかる向きもあろう。筆者のよく知る自治官僚によれば、「官僚はしゃべって七割」だという。ちなみに、デアリーン＝マインツの調査（Derlien & Mayntz 1988: 61-62）では、最後の項目として「インタヴューが開始されるにあたって障害はありましたか」という質問に対し、六〇％以上の官吏が〝Nein〟と答えている。また回答に応じた際の官吏の心的状態に関しても、八〇％以上の官吏が〝gut〟、一〇％以上の官吏が〝ふつう（mittelmäßig）〟と答えている。

また、官僚集団の役割意識や自己イメージが、実際の政策過程における彼らの行動にそのまま反映される保障もない。彼らの理解や認識が、客観的にみれば誤っている場合もあろう。大嶽秀夫が指摘するとおり、役割意識が政策過程における実際の行動をどの程度規定しているかは、「本来は実証研究の課題であり、この因果関係の存在を前提とすることには、方法的に問題[50]」である。したがって、サーベイ・リサーチからエリート官僚の役割についての結論を導くにあたっては、幾つかの「飛躍」（大嶽）が介在してしまう。マインツらも、エリート官僚の役割意識の分析は、不可避的に複雑になり、初歩的な段階にとどまっていることを率直に認めているところである（Mayntz & Derlien et al. 1990: 5）。

こうした点と関連する問題であるが、エリート官僚の「政治化」現象をサーベイ・リサーチを通じて検証する研究は、政策過程における官僚集団の対外的機能の変化を解明することに焦点が据えられるために、「官僚制の内部装置との間の論理的連関[51]」について明確にしない傾向がある。行政学というフィールドの中で「官僚制分析の視角」を設定するのであれば、行政官僚集団の行動様式の変容現象を俎上に載せ、その「政治化」を抽出する場合にも、これが官僚制という組織セッティングを通じて生み出される組織現象であることに思いを致すべきである[52]。

こうした問題は、いずれも、サーベイ・リサーチが依拠する方法論的個人主義と関係する。サーベイ・リサーチという手法を用いて行政官僚集団の行動や役割意識を抽出する場合にも、彼（女）ら自身の特徴（例えば、親の職業や学歴）のみならず、これを規定し制約している組織機制に対する意識が不可欠なのである。

それでは、マインツとデアリーンによるドイツの連邦官吏に対する一連の研究も、上で述べた批判がそのまま妥当するのであろうか。別の言いかたをすれば、彼女らは、サーベイ・リサーチを用いて「融合」イメージの通用性を論ずるにあたって、行政官僚制という組織セッティングに、どの程度目配りしているのであろうか。

六

マインツとデアリーンによるエリート・サーベイが、自らの依拠する方法論に特に言及せぬまま、パットナムの七〇年調査との比較研究を進めていることからすれば、ミシガン・プロジェクトが抱えていた方法論的問題についてあまりに無自覚的だと批判されるかもしれない。しかし、公表された文献から総合的に判断するならば、マインツらによるドイツ連邦官吏の「（党派的）政治化」説への反駁は、エリート・サーベイに限られず、前述の政治的官吏に関する（二度の政権交代時を含む比較的中期にわたる）一時休職制度等の実態分析を根拠にしていた。また、その「（機能的）政治化」の検証については、ドイツの政府・行政組織の構造的特徴が念頭に置かれている。

マインツが、ドイツの連邦官吏に関する「（機能的）政治化」を進行させた制度的・組織的要因として具体的に挙げているのが、以下掲げる三点である。その第一は、連邦が主として立法権限を行使し、州がその執行を担当しているため、連邦官吏が立法・予算策定などの「プログラム開発（Programmentwicklung）」に職務上の関心を集中できることである。第二の理由は、連邦宰相に政府の指揮監督権を与える「宰相原則（Kanzlerprinzip）」とともに、連邦大臣が自らの職務遂行に関して各々責任を負う「所轄原則（Ressortprinzip）」が憲法上並列して規定されており（ボン基本法六五条）、政府の一体性を阻害する縦割行政を導いていることである。三つ目の理由は、連邦宰相を支える連邦宰相府や各大臣を補佐する各省のスタッフ機構が非常に貧弱であるために、十分なリーダーシップが発揮できず、政策の開発の大部分を各省の官僚機構に依存せざるを得ないこと、また、省内部でも中間管理職の役割が上下の連絡・調整機能に限られていること、そのため政策の発案の大半は、小規模（通常四～五名）で、権限配分の明確な課の末端レヴェルからなされること等である（Mayntz 1983e :478; Mayntz 1984a :178–179 ; Mayntz 1984b: 55–56. 詳細には、第一部第二章を参照）。こうした制度的・組織的因子が、政治的指導性の欠落しがちでかつ分権的な政策立案過程において、官吏を中心的アクターにまで高め、その「(機能的)政治化」をもたらしたと思われる。そのため、マインツらの研究は、方法論的個人主義を標榜し、官僚の役割意識（→イデオロギー）がそのまま官僚行動を規定すると想定する、ストレートなエリート・イデオロギーの分析とは一線を画しているように思われる。

七

マインツらがこの研究の後にＭＰＩｆＧの依拠する方法論として纏めるに至った「アクター中心の制度論」（参照、第一部第四章「はじめに」）というリサーチ・デザインの中では、「制度」は、アクターの行動に一定範囲で作用する「沿革的要素（remote cause）」あるいは「アクターの行動の文脈」として説明され、彼女らのリサーチの重要な一部分を構成している（Mayntz & F.W.Scharpf 1995c: 43, 46, 66）。ただ、「制度」がアクターの行動を全面的に規定したり、あるいは包括的であることは稀であり、それ故、本章で詳述したアクターの行動志向性の分析が「決定的な（ausschlaggebend）意義」（Mayntz & F.W.Scharpf 1995c: 52）を持つことになる。彼女とデアリーンが行ったエリート・サーベイの段階（一九八八年）には、「アクター中心の制度論」の詳細は示されてはいなかった。しかし、研究所発足当時、かかる方法論をすでに意識しつつ彼女らによって研究が進められたことは、その当時からＭＰＩｆＧに属していたシャルプフの論稿からみて明らかである。(53)

図１：アクター中心の制度論

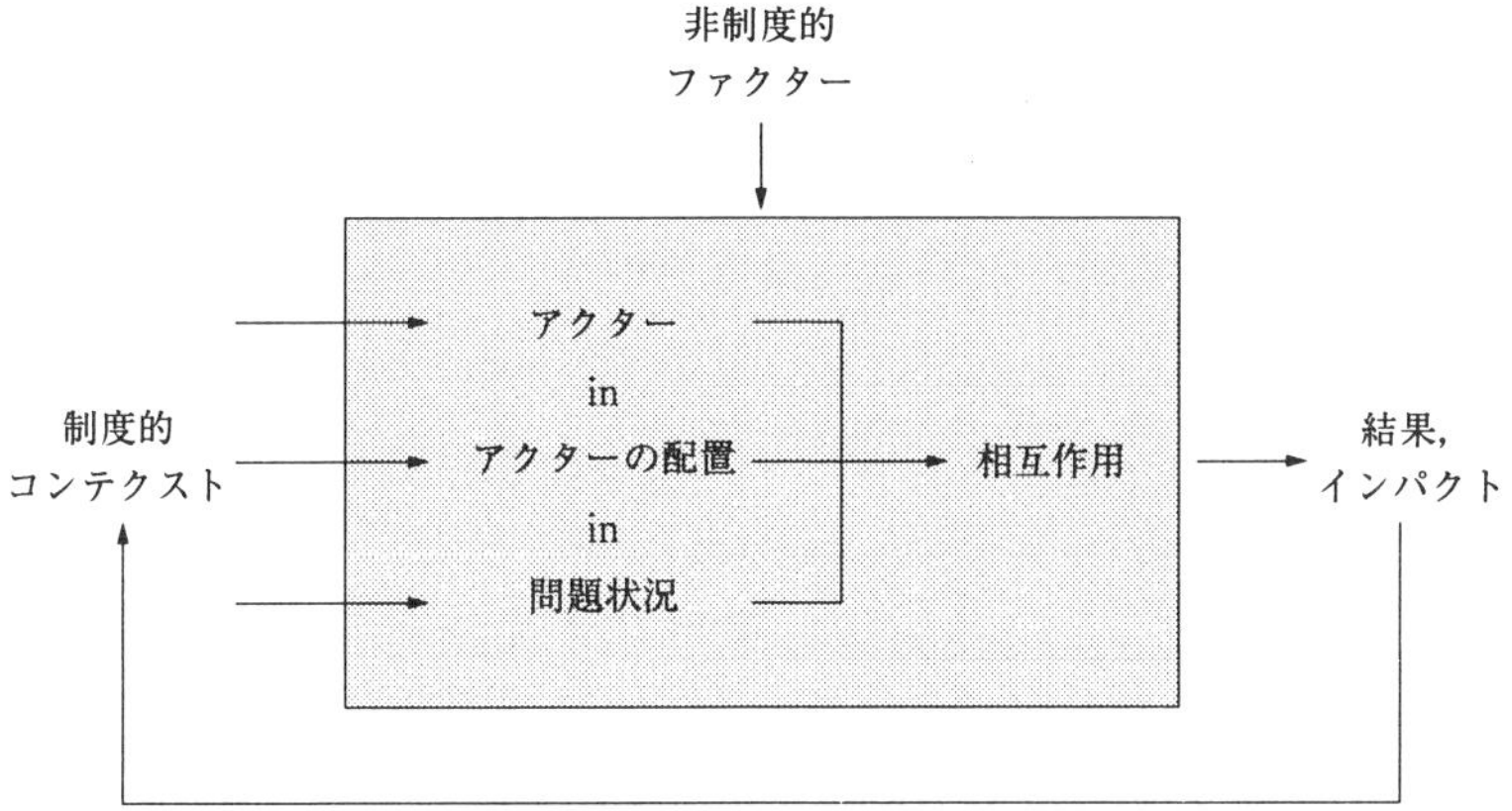

出典：Mayntz & Scharpf 1995c: 45

しかし、先に掲げた組織的・制度的要因は、別の論稿で官僚行動に影響を与える要因として列挙されるにとどまり、組織・制度とその帰結としての官僚行動との因果的推論を明確に提示できていないのは、依然問題である。その原因は、彼女らが標榜する「アクター中心の制度論」そのものにある。同理論は、マインツ＝シャルプフによれば、「多層的な制度的文脈、個人やアクターとしての組織、各々の行動志向性、各々の認識、及び彼らの相互作用を等しく体系的に考慮に入れる」というリサーチデザインである。そのため、「単一の実証研究ではこれを行うことはほとんど不可能」(Mayntz & F. W. Scharpf 1995c: 67. なお、**図１を参照**)となり、その一部（本章に関していえば、連邦官吏の行動志向性）に特化して研究を進めざるを得ない。リサーチ・デザインの〝壮大さ〟を理由に全体像を描か（け）ないとすれば、それは何も説明しないのと同義である。

八　最後に、とりわけ関心が寄せられるべきものとして指摘しておきたいのは、先に言及した議院内閣制における政官関係の諸局面のうち、内閣に属していない与党政治家や野党議員と官吏との関係である。議院内閣制とは、立法権と行政権を一応別個の国家機関に担当させ、権力分立制を採用しつつも、両者の間に一定の相互交渉（大臣の議員からの選出、議会質問に対する内閣の答弁、内閣による法律案提出権、内閣に対する議会の不信任投票権等）を認める政治形態である。官吏の側からすれば、例えば、法案提出に関する折衝や交渉の相手方には、大臣や有力な与党政治家のみならず野党議員もが当然含まれるなど、アメリカの採用する大統領制と様相を異にするはずである。デアリーンとマインツのサーベイ・リサーチでも、官吏と（野党議員を含めた）政治家や大臣がどの程度接触しているかについて、質問をしている（Derlien & Mayntz 1988: 20-25）。しかし、彼女らのデータ・サーベイでは、ドイツの連邦官吏は政治家と接触する機会は「平均して稀」であることだけが確認されており、有力与党議員や野党議員との接触に関する、議院内閣制固有の特徴は抽出されるに至っていない（Mayntz & Derlien 1989: 393）。

おわりに――政官関係の日独比較研究にむけて――

本章では、マインツ＝デアリーンが一九八七年に行ったドイツの連邦官吏に対するアンケート調査と一時休職制度の実態分析とを主な素材にして、ドイツの連邦官吏が果たしてアバーバックらのいう「融合（hybrid）」イメージで捉えられるか否かを検証してきた。結論としては、官吏に対するサーベイリサーチからも、一時休職制度の運用実態からも、ドイツの連邦官吏が融合イメージで捉えられる段階には未だ至っていないと思われる。その意味で、〈政治・行政二分論〉は、ドイツの連邦レヴェルにおける人事行政の中で、なおその命脈を保ち続けているといえよう。連邦官吏のなかで党籍保有者が増大し、一時休職制度及びこれに類する人事手段が以前に比べてしばしば行使されるとしても、官吏にとっては、政治／行政の世界がなお相互に峻別されるべきものとして理解されている。

こうした――アバーバックらにより、西欧諸国の中でアメリカに次いで政官融合がみられるとされた――ドイツの状況と比較するとき、政治的任用としては国務大臣、政務次官、官房副長官、首相補佐官を除けば首相や国務大臣の政務担当秘書官等に限られ、また、各省庁の局長以上の任用も閣議決定事項[54]とされてはいるが国家公務員法上は事務次官まで一般職とされている国で、融合現象がどうして「前提」とされて議論が進められるのか、疑問なしとしない。そもそもアバーバックらの理解に従うとすれば、融合ないし相互浸透は、以前生涯職公務員が占めていたポストを政治的任用化することを通じて生み出されると考えられていたはずである。また、融合関係の進展は、主として調整や計画機能を担う、中央政府におけるスタッフ機構の拡充などとも連動するとも解されていたはずである[55]。仮に、政治的任用制度がほとんど存在しないにもかかわらず、融合あるいは相互浸透現象が認められ、政治家と行政官の活動や機能の相互交錯が存在するとすれば、政治的任用制度の不備を補って余りある日本特有の要因とは何か。

この点に関してしばしば指摘されるのが、内閣が短命であり、各省庁大臣及び内閣全体の在職期間が短いことによる執政部のリーダーシップが弱いこと、閣議の形骸化、与党機関と内閣の二元分立体制による「行政の中立性」という行動規範の存在などである[56]。大臣の在職期間は、日独では非常に対照的であり、やや古い資料であるが、ドイツにおける一つの内閣の存続期間は四八・五カ月であるという[57]。一つのポストに二〇年近く就いていた大臣すら存在する。しかし、内閣や大臣の在職期間が長ければ、すぐさま執政によるコントロールが強化され、官僚の自律化を妨げることになるかというと、決してそうではない。むしろ、大臣がその職務を遂行する過程で、次第に省の掲げる目的や省益に無意識的に同化し、官僚側に取り込まれてしまうことも十分考えられる。その次に掲げた閣議の形骸化は、多かれ少なかれドイツでも指摘されるところである。残ったのは、与党機関と内閣の二元分立体制による「行政の中立性」観念ということになる。なるほどこの観念は、日本の議院内閣制を特徴づける第一の要素であり、行政機構内部のみならず政府レヴェルにも深く浸透していると指摘される。しかし、これだけで、官僚の政治的任用制度の代替機能を果たし、自民党と行政官僚との融合や相互浸透を導いたとまでいえるのだろうか。

上述以外の要因を日本の議院内閣制をめぐる状況の中から探すとすれば、それは山口が最も強調するように、戦後長期間にわたって政権交代が行われず、与野党が固定化し継続してきたことに求められることになろうか(58)。しかし、比較政治的にみても、二大政党制を前提とし、定期的に選挙を通じて与野党が入れ替わるいわゆるウェストミンスターモデルは〝幸福な例外〟であり、むしろその〝逸脱〟がむしろ通例であるという憲法学者からの指摘もある(59)。このような見解にしたがえば、日本の議院内閣制の実態を測定するための尺度の設定にあたって、そもそもこの尺度の普遍性が問われねばならなくなろう。

いずれにせよ、アバーバックらの文献を引きつつも、彼らが指摘するものとは別個の要素を根拠に、政党政治家と行政官僚との融合ないし相互浸透をみてとろうとするならば、融合や相互浸透をもたらすものとしてアバーバックらが提示したメルクマールに対して、正面から反論がなされるべきであろう。

さて、自民党と行政官僚制との相互浸透を認める山口に対して、「はじめに」でも引用した西尾は、以下のように反論を加えている。西尾曰く、「一歩譲って考えてみた場合、自民党政治家の思考様式と行動様式が、かれらの行政官僚との長年にわたる恒常的な共働・連携・結合の結果として、あるいは自民党自体の官僚制化の結果として、行政官僚のそれに類似してきているということはあるかもしれないが、行政官僚の側が自民党政治家の思考様式と行動様式に同化してきているとは、筆者には思えない。このことは……西ドイツにみられる政治的行政官僚についても……同様ではないかと思う(60)」という。ドイツの連邦官吏が、政党政治家の思考様式と行動様式に類似しているかどうかはともかく、西尾の推測通り少なくとも同化していないことは、既にみてきたところである。そして、八〇年代における自民党と行政官僚制との相互浸透の存否に関する印象的診断——あくまで〝印象的〟であるが——として、筆者が両氏のいずれに軍配をあげるかは、もはやいうまでもない。

デアリーン引用文献（本章中に引用したもののみ）

H.-U. Derlien 1984: Einstweiliger Ruhestand politischer Beamter des Bundes 1949 bis 1983, *DÖV* 37, pp. 689-699.

H.-U. Derlien 1988a: Repercussions of government change on the career civil service in West Germany: The cases 1969 and 1982, *Governance* 1, pp. 50-78.

H.-U. Derlien 1988b: Verwaltung zwischen Berufsbeamtenzum und Parteipolitik: Personalrekrutierung und Parteipatronage im öffentlichen Dienst, *Politische Bildung* 22, pp. 57-72.

H.-U. Derlien 1989: Die Regierungswechsel von 1969 und 1982 in ihren Auswirkungen auf die Bundeselite, in: H. Siedentopf (ed.), *Führungskräfte in der öffentlichen Verwaltung*, pp. 171-189.

H.-U. Derlien 1990a: Continue and change in the West German federal executive elite 1949-1984, *European journal of political research* 18, pp. 347-372.

H.-U. Derlien 1990b: Wer macht in Bonn Karriere ?, *DÖV* 43, pp. 311-319.

H.-U. Derlien und G. Pappig 1990: Die administrative Elite. Kontinuität und Wandel 1949-1984, in: H.-G. Wehling (ed.), *Eliten in der Bundesrepublik Deutschland*, pp. 98-108.

H.-U. Derlien 1994: Karrieren, Tätigkeitsprofil und Rollenverständnis der Spitzenbeamten des Bundes—Konstanz und Wandel, in: Bundesakademie für öffentliche Verwaltung im Bundesministerium des Innern (ed.),

Öffentliche Verwaltung von morgen, pp. 90-108.
H.-U. Derlien 1996: The politicization of bureaucracies in historical and comparative perspective, in: B. G. Peters & B. A. Rockman (eds.), *Agenda for excellence 2*, pp. 149-162.

（1）西尾・前掲書第一部第一章註（5）『行政学の基礎概念』六三頁。

（2）西尾勝「行政制度の再編制と行政学の再構成」季刊行政管理研究八六号（一九九九年）一頁。

（3）参照、辻清明『新版・日本官僚制の研究』（東京大学出版会、一九六九年）。

（4）R. D. Putnam, The political attitudes of senior servants in Britain, Germany, and Italy, in: M. Dogan (ed.), *The mandarins of Western Europe*, 1975, pp. 87-127; J. D. Aberbach, R. D. Putnam, and B. A. Rockman, *Bureaucrats and Politicians in Western Democracies*, 1981. アバーバックらの政官関係に関する政治社会学的な研究については、すでに多くの文献が存在しているため、ここでは繰り返さない。参照、坂本勝「アメリカ連邦公務員制度における人事行政改革――上級幹部公務員制度（Senior Executive Service）の創設を中心として――」季刊行政管理研究三三号（一九八六年）一八頁以下、大嶽秀夫『政策過程』（東京大学出版会、一九九〇年）七三頁以下、川崎信文「比較行政学（先進国）」西尾勝・村松岐夫編『講座行政学一・行政の発展』（有斐閣、一九九四年）一〇九頁以下。

（5）川野秀之「比較行政の理論」宇都宮＝新川編・前掲書第一部第三章註（12）一七五頁。

（6）山口「政治・行政のインターフェイスの諸相と統治機構」日本行政学会編『年報行政研究二七・統治機構の諸相』（ぎょうせい、一九九二年）一頁。

（7）山口二郎『一党支配体制の崩壊』（岩波書店、一九八九年）一六六頁。なお、傍点筆者。また、参照、同「政治と行政――財政政策における相互浸透をめぐって――」思想六二八号（一九九三年）六八頁以下、同「現代日本の政官関係――日本型議院内閣制における政治と行政との関係を中心に――」日本政治学会編『年報政治学一九九五・現代日本政官関係の形成過程』（岩波書店、一九九五年）一五一頁。

（8）西尾・前掲書第一部第一章註（5）『行政学の基礎概念』五九頁。なお、西尾のこの問題意識を具体化した論稿として、参照、西尾「議院内閣制と官僚制」公法研究五七号（一九九五年）四〇頁以下。

（9）山口・前掲註（7）「現代日本の政官関係」一五三頁以下。

(10)　Putnam, *op. cit.*, p. 116. さらに、参照、Aberbach et al., *op. cit.*, p. 16, 72, 260.

(11)　西尾・前掲書第一部第一章註(5)『行政学の基礎概念』五九頁。なお、傍点筆者。

(12)　有益な先行研究として、築島尚「戦後ドイツにおけるエリート官僚――人事の統計的分析――」東京都立大法学会雑誌三四巻二号（一九九三年）二七五頁以下があり、研究資料の出所等で大いに示唆を受けた。ただし同論文は、ドイツ「官僚制の変容について、学歴、職歴、父親の職業などとの関係で人事のあり方を検討」（二七五頁）する社会学的な性格を有している一方、本章が意図しているような官僚の「政治化」を中心に取り上げてはいない。本章のもとになった原田「比較のなかの政官関係論・序説」（参照、「初出一覧」）公表後に披見した同・前掲第一部第一章註(5)「戦後ドイツにおける高級官僚人事の一側面」においても、この問題に対する本格的な論及は他日に譲られている。

(13)　飯尾潤「政治的官僚と行政的政治家――現代日本の政官融合関係――」日本政治学会編・前掲書註(7)一三六頁。村松も、アバーバックらを引きながら、一九七〇年代には自民党一党優位体制の進展により「日本にもいち早く政治行政の融合の時代がきた」（村松「一九六〇年代と七〇年代の日本政治」東大社会科学研究所編『現代日本社会第五巻・構造』（東京大学出版会、一九九一年）三六五頁以下。なお、傍点筆者）と述べる。ほぼ同様の指摘として、参照、同「『小さい政府』圧力下の日本官僚集団」法学論叢一二八巻四・五・六号（一九九一年）一二六頁。

(14)　J.D.Aberbach & B.A.Rockman, Back to the future? Senior Federal Executives in the United States, *Governance* 10 (1997), pp. 323-349.

(15)　ここでは、政官関係とりわけ官僚集団の「政治化」と、政策パフォーマンスへの影響との関係については立ち入らない。この論点を取り上げた論稿として、参照、伊藤光利「議院内閣制における政治と行政――政策パフォーマンスの観点から――」日本行政学会・前掲書註(6)二五頁以下。

(16)　同制度は、本来は官庁の新陳代謝を促すために設けられた規定であったが、休職させるか否かの判断が政府の自由裁量に委ねられたため、後に猟官のために用いられるようになったといわれる。そのため、「官吏ノ地位ヲ著シク不安ナラシメ其ノ身分ノ保障ヲ有名無実タラシメルニ至ルベキコト明ラカナリ」という批判を受けて、その審議を慎重にするための「文官分限委員会官制」（一九三二（昭七）年勅令二五四号）が設置された。しかしその手続も、「官吏が身分保障に狎れ、徒らに偸安を貪り自粛の念を欠くに至った」という理由で、大政翼賛会発足後の一九三六（昭一一）年に逆に廃止されるに至る。参照、日本公務員制度史研究会編『官吏・公務員制度の変遷』（第一法規、一九八九年）一五三頁以下、二五二頁以下、山下勝也「公

務員の昇進及び退職慣行（二）」自治研究七一巻五号（一九九五年）八三頁以下。

(17)　行政改革会議事務局ＯＢ会編『二一世紀の日本の行政』（㈶行政管理研究センター、一九九八年）。

(18)　Putnam, *op. cit.* そのサンプル内容は、局長級（Ministerialdirektor）が三四人、部長級（Ministerialdirigent）が四五人、その他の職位が一八人であった。なお、調査方法としては、「ミシガン・プロジェクトの方法論的な前提は、政治家や行政官の思考形式を知る最良の方法は彼らの幾人かと話すということである」（Aberbach et al., *op. cit.*, p. 92）として、質問表によるクローズ・エンディッドな調査と並行してオープン・エンディッドなインタヴュー方式も付随的に採用されていた。

(19)　本研究の調査時期は、主として一九八七年の四月から十月にかけて行われ、内政関連一三省のうちの一三名の次官、四六名の局長級、五一名の部長級、及びそれ以下の官吏一三名が調査対象となっている。参照、Derlien & Mayntz 1988: 2.

(20)　米独の比較研究として、参照、Derlien & Mayntz et al.: 1990; J. D. Aberbach, H.-U. Derlien und B. A. Rockman, Unity and fragmentation. Themes in German and American public administration, in: Derlien et al., *op. cit.*, pp. 271-290. また、日米の比較研究として、参照、J. D. Aberbach, E. Krauss, M. Muramatsu, and B. A. Rockman, Comparing Japanese and American administrative elite, *British journal of political science* 20 (1990), pp. 461-468. 邦語文献として、参照、村松・前掲註(13)「『小さい政府』圧力下の日本官僚集団」、同「日本官僚制論へのワンモア・ステップ――『戦後日本の官僚制』再論と第二回行政エリート調査――」法学論叢一二〇巻三号（一九八六年）六〇頁以下、同「幹部公務員の意見と行動――日米比較を通じて――」人事院創立四〇周年記念論文集『公務員行政の課題と展望』（ぎょうせい、一九八八年）一九一頁以下。

(21)　W. Seibel, Administrative science as reform: German public administration, in: W. J. M. Kickert & R. J. Stillman, II (eds.), *The modern state and its study*, 2000, p. 109. ただし、マインツらの調査研究に対するザイベルの評価の仕方には、疑問なしとしない。

(22)　K. H. Götz, The German federal administration, in: E. C. Page & V. Wright (eds.) *Bureaucratic Élites in Western European states*, 1999, p. 170.

(23)　http://www.uni-bamberg.de/ba6vw1/forschung/forsch.htm

(24)　バイエルン州を除く一五州すべてが、幹部職員に対する連邦類似の一時休職制度を有している。これらの規定については、参照、Ch. F. Priebe, *Die vorzeitige Beendung des aktiven Beamtenstatus bei politischen Beamten und kommunalen Wahl-*

beamten, 1997, pp. 34-39, 64-68.

(25) 手島孝『現代行政国家論』（勁草書房、一九六九年）一一一頁、一四八頁。「伝統的諸原則」の詳細については、参照、Th. Maunz-G. Dürig, *Grundgesetz-Kommentar*, Art. 33 Rn. 55, 1966. 邦語文献として、参照、室井力『特別権力関係論』（勁草書房、一九六八年）一七七頁以下。

(26) ドイツでは、公の勤務に従事する者については、今なお官吏（Beamte）、公勤務員（Angestellte）、労務者（Arbeiter）の制度的な三区分を維持している。ドイツの公勤務制法制については、つとに優れた文献があるので、ここでは立ち入らない。参照、長浜政壽「ドイツの官吏制度」辻清明編『〔比較政治叢書1〕公務員制度』（勁草書房、一九五六年）、築島・前掲註(12)「戦後ドイツにおけるエリート官僚」二七八頁以下、同・前掲第一部第一章註(5)「戦後ドイツにおける高級官僚人事の一側面」、人事院管理局法制課「西ドイツ連邦公務員の基本法令等」（人事院調査研究参考資料一六四号、一九八四年）、塩野・前掲書第一部第一章註(14)。

(27) 同書における調査対象の選択にあたっては、法的地位（官吏かそれとも公勤務職員か）、ラウフバーン集団（Laufbahn-gruppe）（例えば、上級職（Gehobener Dienst）かそれとも高級職（Höherer Dienst）か）、政府体系のレヴェル（例えば、連邦に勤務しているかそれとも州に勤務しているか）、職種（行政一般職かそれとも技術職か）、および地域性が考慮されている。また、質問表の回収率は高く、例えば、連邦レヴェルでは六九％であった。そのため、本調査結果で得られた帰結や傾向は――ルーマン＝マインツは「統計的な意味において代表的ではない」（Luhmann & Mayntz 1973: 131）と謙遜するが――ドイツ連邦共和国の公勤務員全体に概ね妥当していたと思われる。なお、ルーマン＝マインツが依拠する方法論を批判的に紹介する邦語文献として、参照、片岡寛光『職業としての公務員』（早稲田大学出版部、一九九八年）八〇頁以下。

(28) アバーバックらの調査でも、「国によっては、政府の活動に対する市民の統制の増大や政府活動への市民の参加の増大について、かなり多くの議論がなされてきました。あなたはこの問題についてどうお感じですか」という問への回答から、「ドイツの公勤務員は、驚くほどポピュリストであるように思われる」（Aberbach et al., *Bureaucrats and Politicians in Western Democracies.*, p. 188）と結論づけている。同様の指摘として、参照、*ibid.*, p. 232; Putnam, *op. cit.*, p. 116.

(29) 例えば、西尾・前掲註（8）「議院内閣制と官僚制」四一頁、伊藤・前掲註(15)四二頁以下、日本経済新聞社編『官僚――軋む巨大権力』（日本経済新聞社、一九九四年）一九二頁、四一四頁、今村都南雄ほか『ホーンブック行政学（改訂版）』（北樹出版、一九九八年）二九頁（今村執筆）、片岡寛光『官僚のエリート学』（早稲田大学出版部、一九九六年）二一九頁。

(30) H. J. Wolff-O. Bachof-R.Stober, *Verwaltungsrecht II*, 5. Aufl., 1987, p. 562.

(31) アメリカの「上級幹部公務員制度（ＳＥＳ）」については、参照、坂本・前掲註(4)、今里滋「人事行政をめぐる〈政治〉と〈行政〉——アメリカ連邦公務員制度の原像とその変容——」同『アメリカ行政の理論と実践』（九州大学出版会、二〇〇〇年）一八六～一九三頁以下。

(32) 次章で後述する〝スリムな国家（Schlanker Staat）〟行政改革との関連で、連邦議会は、一九九七年に能率的で業績志向的な公勤務制度を創出すべく、「公勤務制度改革法（Gesetz zur Reform des öffentlichen Dienstrechts, Reformgesetz）」を可決した。本文の「六四歳」という年齢規定は、この法律改正によって以前よりも引き上げられたものである。参照、BGBl 1997 Teil I p. 326. なお、この動向を紹介する邦語文献として、参照、稲葉馨「一九九七年ドイツ公務員（官吏）制度改革の特色」自治総研一九九八年八月号七頁以下。

(33) 参照、BT-Drucks. 13/3614; 13/4259; 13/8142; 13/8518. 試用期間つきの管理職制度については、参照、稲葉・前掲註(32)六頁以下。

(34) K. H. Götz, Acquiring political craft: training grounds for top officials in the German core executive, *PA* 75 (1997), pp. 767-770.

(35) Aberbach et al., *Bureaucrats and Politicians in Western Democracies*, p. 17, 167.

(36) Götz, German public administration, p. 161.

(37) ドイツでは、新しい政府が政権について一週間以内に五〇%の人事異動が行われ、政権発足後六ヶ月までに残りの半分の人事が決定する。参照、Derlien 1988a: 58; Derlien 1989: 172.

(38) Aberbach et al., *Bureaucrats and Politicians in Western Democracies*, p. 71.

(39) Götz, German public administration, p. 161.

(40) BT-Drucks. 13/3614.

(41) 参照、BT-Drucks. 13/8152.

(42) 築島・前掲註(12)「戦後ドイツにおけるエリート官僚」二七七頁。

(43) 連邦俸給法および連邦ラウフバーン令（Bundeslaufbahnverordnung）によれば、俸給群（Besoldungsgruppe）は、初級職（einfacher Dienst）、中級職、上級職、高級職というラウフバーン集団ごとに、それぞれ四段階ないし五段階に分かれている。そして、あるラウフバーン集団のうちで最も高い俸給が次のランクのラウフバーン集団の最低俸給と重なっている。そして俸給群Bは固定であり、さらに一一段階に分かれる。B11という最高給与レヴェルに該当するのが次官である。また、公勤務職員の給与も一八段階に分かれている。参照、Püttner, *op. cit.*, pp. 187-190.

(44) 連邦宰相府との人事ローテーションについては、参照、Götz, Acquiring political craft, pp. 760-762.

(45) Götz, The German federal administration, p. 159.

(46) H. Heclo, *Government of strangers*, 1977.

(47) Aberbach et al., *Bureaucrats and Politicians in Western Democracies*, p. 260. また、彼らは別の箇所で、七〇年代初期にSPDの党籍をもつ連邦官僚は、アメリカの「政治的官僚 (political executive)」と機能的に等しいとも述べている。参照、*ibid.*, p. 72.

(48) 彼らは、「理論」や「モデル」ではなく「イメージ」として「融合」を語っているに過ぎず、厳密な意味で、現実の政策過程を検証するための概念として捉えてはいない。「むしろ我々は、政治家と官僚との作業分担に関するこれら四つの解釈を、我々のデータにおける経験的パターンを説明するサーチライトとして用いようとするのである」(*ibid.*, p. 20)。なお、彼らのその後の論稿として、参照、J. D. Aberbach & B. A. Rockman, Image IV revisited: executive and political roles, *Governance* 1 (1988), pp. 1-25.

(49) Aberbach & Rockman, Image IV revisited: executive and political roles, p. 8.

(50) 大嶽・前掲書註(4)七一頁。

(51) 牧原出「官僚制理論」西尾＝村松編・前掲書註(4)二九六頁。

(52) 参照、今村・前掲書第一部第一章註(25)『行政学の基礎理論』一六二頁以下。

(53) Scharpf, Max-Planck-Institut für Gesellschaftsforschung, Köln, pp. 331-345.

(54) 省庁の幹部職員への政治的介入がどの程度実効的であるかどうかは、意見が分かれるところである。橋本首相時代に設置された「閣議人事検討会議」では、官房長官や副長官らをメンバーとして各省庁から出された幹部人事案件の選考を行うこととされたが、「通常国会の任期切れを迎えて全二十省庁のうち十省庁以上の事務次官ら幹部人事が……了承されたが、官邸が省庁側の原案を押し戻した例はゼロ」(朝日新聞一九九七(平九)年六月一七日朝刊)であったという。しかし、歴代内閣の官房副長官のなかには官邸側の意向が幹部職員人事に反映していたことをにおわせる発言もある。後藤田正晴は、彼が田中内閣の官房副長官を務めていた際に「人事の差し替えをされたことはないわけですか」という質問に対し、「さあ、どうかな（笑）」と答えている（後藤田『情と理（上）』（講談社、一九九八年）三一〇頁）。
(55)　参照、Aberbach et al., *Bureaucrats and Politicians in Western Democracies*, p. 17.
(56)　飯尾・前掲註(13)一三七頁以下、山口・前掲註(7)「現代日本の政官関係」一五七頁以下。
(57)　片岡寛光『内閣の機能と補佐機構――大統領制と議院内閣制の比較研究――』（成文堂、一九八二年）一八九頁。
(58)　山口・前掲註(6)「政治・行政のインターフェイスと統治機構」一八頁以下、同・前掲註(7)「現代日本の政官関係」一五五頁。
(59)　この点を指摘する憲法学の文献として、参照、樋口陽一「責任・均衡・二大政党制・多数派デモクラシー――議院内閣制をめぐる四つの神話――」ジュリスト八八四号（一九八七年）、近藤敦『政権交代と議院内閣制――比較憲法政策論――』（法律文化社、一九九七年）。
(60)　西尾・前掲書第一部第一章註(5)『行政学の基礎概念』五九頁以下。

第二章　行政改革の日独比較研究・序説

はじめに

一　イギリスやニュージーランドなど、アングロサクソン系諸国の行政実務を嚆矢とするニュー・パブリック・マネジメント（New Public Management, NPM）は、いまや世界中を席巻する一大ムーブメントとなった。一般に、ＮＰＭとは、企業における競争メカニズムや管理手法を公共部門にも応用しようとする理論とされ、公共選択論や取引コスト論などの経済理論やマネジェリアリズムといわれる経営管理理論を母胎とする。その構成要素としては、能率重視、組織内の分権化、権限・責任の明確な分配、顧客志向、業績重視、戦略的マネジメントなどが挙げられるのが通例である。

近年の日本における行革プランの作成や具体化に際しても、アングロサクソン系諸国のＮＰＭ型行政改革が範とされたことは、いうまでもない。行政改革会議の最中、武藤総務庁長官（当時）はイギリスに赴き、かの地で展開されるエージェンシー化を目の当たりにした。

他方、大陸型行政システムの代表格であるドイツにおける行政改革の動向については、先般の橋本行革ではほとんど参照されなかった。ドイツが、ＮＰＭ型行政改革を通じて克服すべき"Public Bureaucracy State"（ダンレヴィー＝フッド）(1)の典型例として受け止められがちであったことを思うとき、こうした関心の偏りは当然という評価もあり得よう。しかし実はドイツでも、橋本行革のスタートと時をほぼ同じくして、行革推進の審議会である〝スリムな国家〟審議会（Sachverständigenrat "Schlanker Staat", SSS）を設置し、NPM型行政改革に着手するに至っている。しかも、イギリスにいう「市場化テスト」を用いることなく行政官僚制内部の構造改革に取り組み、一定の成果を挙げている。この事実は、アングロサクソン系のNPM型行政改革以外に、もう一つのNPM型行政改革のヴァリエーション（すなわち大陸系のNPM型行政改革）が存在することを端的に示している。同時に、イギリスあるいはニュージーランドの行政改革こそがNPM型行政改革であり、行政改革にあたって目指すべき姿なのだ、という理解に一定の修正を促すものである。

また、コーポラティズム論で日本でも名高いレームブルッフ（G. Lehmbruch）[2]によれば、ドイツは、ダニエル・オキモトのいう意味での「ネットワーク国家」[3]――すなわち、国家が国家と社会の様々な組織・団体とのネットワークによって補われている――である点で日本と共通するという。例えば、日本の日本工業規格に相当するDINなど技術基準の策定や自動車検査等の安全性審査について、ドイツの行政は民間の専門組織に大半を委ねるなど、様々な政策領域において、伝統的に社会の各種団体・組織のリソースに依存してきた[4]。日本でも、村松岐夫によれば、明治以来の「追いつき型近代化」という価値前提を背景に人的、財的、その他のリソースを利用する「最大動員型」の行政システムが形成され、弱い国家を補う行政拡張のネットワーキング化が進められてきた[5]。

ところが、日独における近年の行政改革において範とされたNPMは、成果重視、組織内分権化（脱ヒエラルヒー化）、権限と責任の明確な分配、顧客志向などをその構成要素とする考え方である。すなわち、NPMの発想では、組織管理に焦点が据えられ、改革の射程が個々の官庁の組織内部に限定される傾向がある。そのため、ドイツでは、NPM型行政改革が「ネットワーク国家」たる国家・社会のありようから発する問題に十分な配慮をすることなく、改革案を提示しているという批判的見解が存在する。こうしたドイツにおける議論には、組織管理に加えて、ネットワーク国家に起因する、組織間ネットワークのマネジメントにも目配りの利いた行政改革案が構想されるべきだという、日本では等閑視されてきた視点が秘められている。

政府間関係論におけるいわゆる分権・分離モデルと相互依存モデルとの対比の説明において、マーブル・ケーキとレア・ケーキの喩えが用いられることがあるが、これを借用して本章の問題意識を敷衍してみよう。すなわち、資金・情報・技術等のリソースについて、これほどまでに国家（とりわけ行政官僚制）と民間あるいは非営利組織・団体との間に相互依存が不可逆的に進展している現状に鑑みれば、（非営利的セクターを含む）公私のアクターによるいかなるマーブル・ケーキをつくるかという行革論議も、ＮＰＭ型行革論議とあわせて必要なのではないか。(6)

二　そこで本章では、まず、議論の前提作業として、「国家の（構造）改革（Modernisierung des Staates）」あるいは「行政の（構造）改革（Modernisierung der Verwaltung）」(7)と称される、ドイツの連邦レヴェルにおける行政改革、特にＳＳＳの最終報告書を中心に検討し、ドイツ行政改革におけるＮＰＭの浸透度の高さを検証する（＝第一節）。次に、同審議会の最終報告書等に対するマインツなどドイツの行政研究者による見解をフォローし、彼女らの主張のなかにＮＰＭ型行政改革に対するアンチテーゼの成立可能性を探る（＝第二節）。最後に、これらを踏まえて、現代日本の行政改革について若干のコメントを加えよう（＝おわりに）。

第一節　現代ドイツの行政改革――〝スリムな国家〟審議会の活動を中心に――

戦後ドイツにおいて行政学が再び息を吹き返すに至った最大の要因は、すでに第一部でみたように、一九六〇年代以降、ＳＰＤ政権が行政改革を進めるにあたってひろく行政に関する科学的知識を必要とし、行政研究者も積極的にこれに応じ行政改革に参画したためといわれる。マインツに代表されるドイツにおける「新しい行政学（Neo-Verwaltungswissenschaft）」[8]は、行政改革によりその命を授かったのであり、ドイツ行政学は行政改革の関数であった。

しかし、行政学の隆盛を導いた当の行政改革構想が実現されたかは、きわめて疑わしい。ＳＳＳに先だってＮＰＭ型行政改革に関する鑑定書をまとめたことで知られるヤンの言葉を借りれば、「ドイツの行政改革には、包括的な構想と大きな期待に対し――たいていは――制度の慣性によりインクリメンタルな変化しかうまれなかったという、長く悲しい歴史」[9]がある。一九六八年に設置された「連邦政府及び連邦行政の構造改革に関するプロジェクト・グループ（ＰＲＶＲ）」による行政改革構想や、七〇年に設置された「公勤務法改革調査会（Studienkommission für die Reform des öffentlichen Dienstrechts）」による、公の職務に従事する身分の三区分制度（官吏、公勤務職員、労務者）の解消案は、今日まで着手されぬままである（参照、第一部第二章）。

八〇年代以降も、「市民に身近な行政（Bürgernahe Verwaltung）」、「脱官僚制化（Entbürokratisierung）」、「執行の欠缺（Vollzugsdefizit）」、「行政事務の削減（Aufgabenkritik）」、「法及び行政の簡素化（Rechts-und Verwaltungsvereinfachung）」、「規制緩和（Deregulierung）」、「民営化（Privatisierung）」といった行政改革のスローガンの元で、行政改革に関する審議会が趣向を変えて陸続と設置され、その度に報告書が世に問われた。

さて、ナショルド（F. Naschold）によれば、「国家の（構造）改革」は大別して、①国家目標・活動の射程距離の問題――日本の議論に置き換えていえば行政の守備範囲論――と、②公務員による当該任務遂行に関する問題、すなわち「行政内部の（構造）改革（Binnenmodernisierung）」という、密接に関連する問題からなるという。[10] これらの改革スローガンのうち成果を挙げたのは、民営化措置をはじめとする①の問題だけであり、②に該当する、行政官僚制内部の構造や作業手続の改革ではなかった。[11]「改革多幸症《オイフォリー》」[12]と揶揄された時代の後には、抜本的な行政改革への失望や諦念だけが残り、「八〇年代のおわりには、行政改革が息絶えた（dead）ことを認めぬ識者はひとりもいなかった」[13]――no more commissions, no more top-down concepts !――。

本節で主として取り上げるSSSは、こうした行革アレルギーの渦のなかで設置された。しかし、SSSは、政治的手詰まりの状況であったにもかかわらず、大きな国民的論議を喚起し最終報告書まで辿り着くことがどうして可能だったのであろうか。以下の論述は、こうしたSSS設置に至る背景から始めることにしよう。

一　(1)　ドイツにおけるNPM理論導入の動き

九〇年代のドイツにおいても、行政改革に関する様々なスローガンが存在するが、そのうちでも日本人にとって最もなじみ深い表現が〝スリムな国家〟であろう。それもそのはず、審議会の名称にも採用された「スリム（schlank）」という形容詞は、日本の企業組織の（改革の）あり方を適確に示す表現としてドイツで紹介され、後にこれが行政組織改革にも応用されたようである。[14]

さて、件の〝スリムな国家〟審議会は、時の政府の思いつきで唐突に設置されたのではない。上述したナショルドの区分でいえば、①に関する改革のみならず、②にもメスを入れるべき状況が九〇年代に入って発生したからである。そのうち、連邦行政の内部構造改革、さらにはSSSの設置に影響を与えた最大の理由は、「東の再建（Aufbau Ost）」に伴う財政危機だといわれる。[15] なるほど、ＳＳＳの会長を務めたショルツ（R. Scholz）は、「国家財政の窮乏だけが問題ではない」と述べ、ＳＳＳ設置の理由を公式に財政危機には求めてはいない。しかし、ロェーバー（M. Röber）も指摘するように、財政危機がなければ、政治家も行政官も研究者も、真剣に国家のスリム化に決して取り組まなかったであろう。[16]

財政の問題は、ドイツ統一直後には比較的楽観的なムードであった。しかし、旧東独地域における失業の増大等や東西の経済力格差がいっこうに改善されず、旧東独五州における財政収支は危機的な状況――「穴の空いたバケツ」（伊東弘文）――にあったといわれる。結果として、連邦は旧東独五州に対する最大の援助者とならざるを得なかった。例えば、統一後の五州に対する最も大規模な財政調整制度である「ドイツ統一基金（Fonds Deutsche Einheit）」に基づく交付金は、当初漸減するものと考えられていたところ、全く正反対に数次にわたる基金の積み増しを余儀なくされた。連邦は、最終的に在来一一州とともに二年間（九三〜九四年）にわたって一般財源からの補填を余儀なくされている。[17] これに加え、旧東独地域からの流入者、失業者が増大したことに端を発する経済不況が拍車をかけた。さらに、ＥＵの市場統合、ユーロという通貨統合を控えて、ＥＵ加盟各国で財政赤字を早急に削減すべしという要請もあった。

二

この時期に至って、連邦政府は、国家及び行政の役割について本格的に議論の俎上に載せ始め、行政の構造改革を最も重要な国内政策の一つと位置づけるようになった。[18] 他方で、当時野党に甘んじていたＳＰＤやGrüneなどの態度であるが、大変興味深いことに、ＳＰＤもＮＰＭ型行政改革を、ＣＤＵ／ＣＳＵ政権が積極的に推進してきた民営化に機能的に代替する行政改革戦略として位置づけ、かかる観点から積極的に行政改革を推進するよう政府に求めていた。おなじくGrüneも、行政における市民志向性・顧客志向性の向上、市民参加さらにはエンパワーメントを促進するものとして、ＮＰＭ型行政改革を積極的に評価した[19]。ドイツで有力な労働組合である官公労（Gewerkschaft Öffentliche Dienste, Transport und Verkehr）も、一九八八年より自らの改革プロジェクト『公共サービスを通じた未来』にもとづきＮＰＭ型行政改革に積極的な姿勢をとっている。その意味で、「ＮＰＭ改革には右も左もないようで、このあたりに一九九〇年代の行政改革の性格を示唆するものがある[20]」とする村松岐夫の言明は、ドイツにおいても妥当する。

三　しかし、連邦レヴェルよりも行政改革に対して早期にかつ積極的に対応してきたのは、実は、地方自治体レヴェルであった。これまでのドイツの行政改革が連邦中心でスローガン先行であったのとは対照的に、九〇年代における行政改革が「下からの改革」であったことは、行政改革の成否を考える上で大変興味深い事実である。なるほど、八〇年代にはドイツの行政改革はいったんは息絶えた。しかし、九〇年代には「まだ革命ではないとすれば、たしかに稀有でこれまで経験にしたことのないブーム[21]」として、地方行革の問題がにわかにクローズアップされることとなる。こうした自治体レヴェルの動きが連邦レヴェルにまで浸透し、ＳＳＳ設置へとつながっていった。その理由の一つは、ドイツでは自治体が社会福祉サービスを供給するが故に、先に述べた財政窮乏の程度が甚だしかったことである。また、そうした公共サービスを供給する過程で市民と接する機会が多いために、市民の側のニーズに応じる必要に迫られたこと、ＥＵ統合の過程で自治体間競争が激しくなり、今まで以上に行政能力を備えておくことが求められたためでもある[22]。連邦制の採用により、連邦が直接公共サービスを提供する局面が限られていることは、行政改革の必要性に対する敏感さに差異をもたらした構造的な要因だといってよい。

ＳＳＳとの関連でここで言及しておかねばならないのは、自治体経営に関する調査研究機関である「自治体行政簡素化共同機構（Kommunale Gemeinschaftsstelle für Verwaltungsvereinfachung, KGSt）」の提案にかかる「新しい自治体制御モデル（Neue Steuerungsmodell, NSM）」である。これは、オランダ・ティルブルグ（Tilburg）市の行政改革（とりわけその財政制御システム）を参考にしつつ、一九九二年に報告書としてまとめられた行革モデルである（その意味で、NSMは別名「ティルブルガー・モデル」ともいわれる）。[23] この報告書は、KGStの所長であったバンナー（G. Banner）を中心とし、大規模都市の首長や財政・総務関係の幹部職員で組織するワーキング・グループによって作成された「シティー・マネージャーらの共同作品」[24] である。

同モデルでは、今日の自治体行政に関する問題分析をもとに「サービス供給企業としての自治体行政」という新しい理念を提示し、自治体行政の機構そのものではなく、「その動態、つまり行政活動の共同作業の制御（Steuerung des Zusammenwirkens）」を改革すべきだとしている。NSMは企業類似の分権的な管理及び組織構造に帰着するとし、その中核的要素として、以下の五点が掲げられている。

① 政治と行政の明確な責任区分、
② 供給される財やサービス内容及びこれに対する予算措置につき、政治と行政、あるいは行政と第三者との間で取り決めを行うこと――契約管理（Kontraktmanagement）――、
③ 分権的な責任体制、
④ 半自律的な組織単位に対する距離を置いた（auf Abstand）戦略的な管理、
⑤ サービス供給の観点から行政を制御する手法――アウトプット制御。

そしてこれらの構造は、競争（あるいはそれと機能的に代替する仕組み）によって活性化されねばならないとし

ている。

このようにNSMはドイツ版NPMといってよいが、両者には差異もある。まず、最初に言及すべきは、NSMは新自由主義に代表される保守イデオロギーとも、パブリック・チョイス等の経済理論とも比較的無縁なことである。ドイツの昨今の行政改革が「理論なき革命」（ヤン）と評される所以である。第二に、NSMが自治体と住民との関係よりは、むしろ自治体内部の構造改革に重点を置いていることである（近年はその傾向は幾分変わりつつある）。第三に、イギリスのエージェンシーに比してより緩やかな組織内分権化が好まれることである。イギリスでは、市場化テストの結果として一定の業務がエージェンシー化（場合によっては業務自体の廃止や民営化）され、業務の効率化が進められる。しかし、そこまでに至らなくても、緩やかな組織内分権化を通じて効率化の達成は十分可能であるとするのがドイツの基本的なスタンスである。

こうしたNSMは、ハイデルベルグ、ケルン、ドゥイスブルグ等をはじめとして導入が試みられており、一九九五年末にはドイツの大規模都市八四のうち八二ですでにNSMを実施に移しているという。また、ドイツ都市会議の調査によれば、九六年はじめには、同会議に加盟する二六七都市のうち、八三％が何らかの具体的な行政改革にすでに取り組んでおり、何らの措置も講じていない都市は八％に過ぎない[25]。また、改革を必要とする理由として、直面する財政危機（八九％）、行政の構造的欠陥（六七％）、そして行政の不透明さ（五三％）が挙げられている。

ここでは、NSMによる行政改革の一例として、ケルンに代表される「コンツェルン都市（Konzern Stadt）」構想を紹介する（ケルンでは「新しい行政構造（Neue Verwaltungsstruktur）」という表現が好んで使われる[26]）。コンツェルン都市とは、あたかも企業のコンツェルンのごとく、自由な人事・予算権限を付与された自治体の各部局が緩やかに結びつく組織形態をいう。各部局は執政部と目標の取り決め（契約管理）を行い、各種リソースを効率的に運用しながら自律的に活動する。各部局の目標達成度を測定するために、執政部に直属するマネジメント支援（執政部への情報提供、戦略的調整等）の部局として中央コントロール・センターが設置される。その任務は行政活動を透明化し、執政部による実効的な統制を可能にすることにある。この組織改革のもとで、官民のコスト比較が積極的に行われ、九七年までの三年間に三、五〇〇人の定数削減を行うに至った（全体の一九％）。

四　さらに、学界でも、公的セクター改革においてＮＰＭに関心が向けられるようになる。九三年には、アイヒホルン（P. Eichhorn）らがＳＰＤ系のフリードリッヒ・エーベルト財団（Friedlich-Ebert Shiftung）の委託研究として、『連邦政府及び連邦行政の将来の構造について』と題する報告書をまとめた。[27]同書は、省庁数の削減（最大一五！）・大括り編成、企画立案と実施の分離、いわゆるエージェンシーの導入、組織の脱ヒエラルヒー化、業績評価や組織の下部単位への権限・各種リソース・責任の分権化など、ＮＰＭの影響を濃厚に受けつつまとめられたといわれる。翌年には、同じくフリードリッヒ・エーベルト財団の委託研究として、既述したヤンが『現代国家と効率的な行政――ドイツにおける公的セクターの改革について――』[28]を公表した。アイヒホルンと同様、ヤンの鑑定書にもＮＰＭの影響が十二分に看て取れる。彼は、ドイツ統一に伴うボンからベルリンへの首都移転が抜本的な政府・行政改革のチャンスだとして、下記に示すマネジメント原理に基づいて幾つかの提案を行っている。

①　〝船をこぐ（Rudern）のではなく舵取り（Steuern）を〟――政府は政治目的を遂行すればよいのであって、全てのことを自ら担当する必要はない――、

②　〝規則ではなく結果を〟――規則や手続に固執するのではなく、結果やコストを意識すべきである――、

③〝ヒエラルヒーではなく自己責任を〟――結果に対する明確な責任、事務遂行にかかわる裁量の付与――、
④〝独占ではなく競争を〟――他の公共サービスの供給者と比較しつつ、質を改善しコストを削減せよ――、
⑤〝育成（Alimentation）から動機付けへ〟。

それ以外にも、「国家の（構造）改革」という文脈のもとで公表された文献は、すでに膨大な数に上る。それは、「国家の（構造）改革」が非常に広範囲に及ぶ領域にかかわる問題であり、しかも多様な観点から研究が進められているからである。政治・行政学界における代表的な研究者としては、先に掲げたヤンの他では、すでに本章で何度か引用したナショルドやケーニッヒ（K. König）がそうである。ナショルドは、NPM関係でもっとも有名な叢書である『公的セクターの構造改革』シリーズの第一巻で、『国家の構造改革』[29]を著した。さらに一昨年には、当時としてはNPM型行政改革に関して最も新しく包括的なモノグラフィーとして、『国家の構造改革――NPMと行政改革――』（一九九八年）[30]を公刊している。ケーニッヒも、NPMに対するその態度は必ずしも肯定的ではないが、積極的に当該テーマに関する論文を発表している[31]。ナショルドに代表されるように、一定の留保つきながらも、NSMあるいはNPMの観点から公的セクターを改革することに積極的な論者が、ドイツでは大勢を占めており、これに反対する論者は、今のところ「いくぶん社会的に無視（marginalize）[32]」されている状況とすらいわれる。

以上では、九〇年代におけるドイツの行政改革のトレンドとして、NPMへの圧倒的傾斜を確認した。機能的な分権化、脱ヒエラルヒー化、予算改革、業績・結果志向、アカウンタビリティの確保など、どの主張をとってもアングロサクソン系諸国で実践が積み重ねられてきたNPMのそれと遜色がない。それも、各々の思惑は異な

れども、自治体、州、連邦の各レヴェルにおける積極的な実践、そしてほとんど全ての政党・諸団体および学界による支援と、NPM型行政改革の大合唱は、時折混声合唱をまじえつつも安定したハーモニーでドイツの聴衆を魅了しつつある。そこで、(2)では、二〇世紀におけるドイツ行政改革のクライマックスとでもいうべきSSSの活動について述べることにしよう。

(2)　SSSの活動

一　SSSの設置は、一九九四年の連邦議会選挙でかろうじて政権を維持したコール政権（CDU／CSU及びFDP）において同年一一月に締結された、第一三被選期の「連立協定（Koalitionsvereinbarung）」にまで遡る。

「統一ドイツを将来性あるもの（zukunftfähig）にする」と題されたこの連立協定は、全部で八項目からなるが、その冒頭には「国家のスリム化――官僚制の縮小」という項目が掲げられていた。曰く、「連立政権は、立法・行政・司法の国家活動を必要な程度に限定する。法治国家は効率的でなければならず、規制が過剰であったり完全性を過度に求めてはならない。なぜならば、それは最終的には法の否定や経済のダイナミックと刷新可能性を危機に陥れるからである。それ故に我々は、かつてのように、市民や経済にとって行政手続及び裁判手続終了について時間的見通しがつき、かつ計算可能になることを望んでいる。スリムな国家は、私人のイニシアティヴや創造性の新たな領域を広げねばならない。その際、我々は、単純な手続を持つ（旧東独地域であった）新五州の経験に学ぶ」。

具体的には、

(1)　行政の抑制（Straffung）……①向こう四年間連邦本省に属する人員の毎年一％削減、②公勤務員における業績主義の導入、③予算手続の柔軟化、④租税法の簡素化、⑤経済振興手法の簡素化（申請手続の簡素化）、⑥所得額捕捉方法の簡素化、⑦連邦雇用庁（Bundesanstalt für Arbeit）の再編・分権化、⑧統計の簡素化、

(2)　手続の簡素化……①遅滞ない、見通しのきく計画・許可に関する行政手続（例えば、建築法領域や環境保護領域など）、②法令に対するサンセット方式の導入、③ＥＵレヴェルでの規制緩和の促進、

(3)　行政裁判手続の簡素化、

が記されている。

二　連邦政府は、この連立協定に基づき、九五年六月一八日の閣議決定において、独立の第三者機関としてＳＳＳ設置を行った（これ以降の経緯については、**表１を参照**）。

その後、九月二一日にＳＳＳは初めて召集された。会長を務めることになったのは、公法学者として名高い前出のショルツ・連邦議会ＣＤＵ／ＣＳＵ会派副代表である。ＳＳＳは、連邦政府はもとより、学識経験者、州・自治体、経済界、労働界、政党からメンバーを構成している。

その作業期間は一九九七年の夏までの約二年間と、一回の被選期に収まるよう短期間に設定された。これとは反対にＳＳＳが取り扱った領域は、行政事務の軽減、立法手続の合理化、行政手続の促進、予算法の柔軟化、民営化、官庁組織の削減、統計の簡素化、規制緩和、行政サービスの質の管理、人事管理や公勤務法制の改革、情報技術を利用した行政の効率性向上、司法の負担軽減、と極めて広範囲にわたる。短期間に広い範囲で調査・審

表１：ドイツにおける近年の行政改革の動向

年・月	出　来　事
94年10月	連邦議会選挙，ＣＤＵ／ＣＳＵとＦＤＰ連立政権が僅差で勝利
11月	両党，連立協定で「国家のスリム化」に合意
95年６月	閣議決定によりＳＳＳを設置
９月	ＳＳＳ，初会合
96年１月	ＳＳＳ，中間報告を発表
２月	連邦政府，連邦官庁の削減方針を閣議決定
５月	連邦議会内務委にて連邦行政の構造改革に関する公聴会を開催
97年２月	第一回見本市“スリムな国家”をドュッセルドルフにて開催
７月	連邦政府，「連邦行政の効率性と経済性をさらに向上させるためのアクション・プログラム」閣議決定→行政改革推進会議の設置
10月	ＳＳＳ，最終報告書を首相に提出
98年２月	行革推進会議がアクション・プログラムの進捗状況に関する第一次報告書を公表。
3月	連邦政府がアクション・プログラムに関する報告書“ネクスト・ステップス”を閣議決定
６月	連邦政府がアクション・プログラムに関する第二次報告書を閣議決定
９月	連邦議会で政権交代，ＳＰＤ＝Bündnis 90/Die Grüne 政権へ
11月	連邦議会で首相が新理念「社会を活性化させる国家」を表明
12月	行革推進機関「現代国家（moderner Staat）」を内務省に設置
99年３月	ＳＳＳのＨＰ（http://www.schlank.bmi.bund.de/）が消失
12月	新たな行革大綱「現代国家 —— 現代行政」の公表

議を可能にしたのは、ＳＳＳの方針が具体的な改善策を実行に移すことに置かれたため、新しい鑑定書を積極的に作るのでもなければ、すでに議論されている事柄を改めて調べ直すことを控えたからである。したがって、例えば、ＳＳＳ設置以前にすでに他の審議会で議論が進められていた行政事務の簡素化、立法にあたってその必要性を審査するテストカタログ、計画・許可手続の促進等については、従来の調査研究報告をそのまま利用した。いわば、行政改革それ自体の簡素化が、審議に入る前から意識されている。その意味でＳＳＳの活動は、「実践志向の作業方法」を採用している。

三　ＳＳＳの任務は「〝スリムな国家／過剰な官僚制の縮小〟というテーマにかかわる全てのイニシアティヴを、専門的にかつ政治的に実現に移し、必要な限りでこれらを組み合わせたり、あるいはこれらが実現するよう刺激を与えること」にある。そしてその基本的な問題意識は、大要、以下の諸点である(33)。

①　国内総生産に占める政府支出率（Staatsquote）が高すぎること、その率は一九九一年の段階で四九・一％に至っている、

②　国家があまりに多くの任務を引き受けていること、国家は本来的任務（Kernaufgabe）だけの状態に戻らねばならない、

③　あまりに多くの官庁が存在すること、その数、組織、構造が今日の要請にもはや合致していない、

④　行政から裁判所に至る争訟プロセスが込み入っており、時間がかかりすぎる、

⑤　行政内部の作業手法や管理方法が時代遅れである、

⑥　公勤務法が今日の要請にもはや対応していない、

⑦　公勤務員数が多すぎる、

⑧　予算法が十分に効率的ではない、とりわけ柔軟性に欠ける。

すなわち、財政危機の原因が「官僚制のコスト（Büirokratiekost）」――SSSの定義を借りれば、「法の適用、行政命令（Auflage）、込み入った許可計画手続、法律により命じられたデータ徴集、複雑な租税手続・制度により企業に発生するコスト」――に求められた。算出方法・根拠は不明であるが、ある調査によれば、一年間にドイツ経済全体に与える「官僚制のコスト」は、五八〇億DM、一企業平均で年間六二、二〇〇DMにものぼるという。NPMは、これに対抗する「一つの哲学（Philosopie）」（Mayntz 1997c: 98）として、連邦政府に受容されたのである。

SSSは、翌年一月にははやくも中間報告書を提出する。そこには、改革の基本的な方向性を示すとともに、①官庁数の抑制、②法律案審議段階で法律の必要性や有効性等を審査するための「ブルー・チェックリスト」の導入[34]、③一定の基準に基づく行政事務の削減、④計画・許認可手続の促進[35]、といったSSSの手による初めての提言も含まれていた。

しかし、この段階では提言が比較的抽象的なレヴェルにとどまっており、具体的な措置に欠けるとして、政府は九六年二月七日、先に紹介した連立協定を具現化すべく、連邦官庁の削減措置を閣議決定した[36]。その背景には、連邦レヴェルにおける公勤務員数が統一以前（一九八九年）には約三〇万人（連邦間接行政・防衛・郵便・鉄道を除く。以下同じ）だったのが、九五年の予算上はその一〇％アップの三二万五千人の定員にまで至ったことがある。この時点ですでに、四つの中央税関（Bundeszollamt）とその他の税務行政四四四機関の廃止など、行政機関の再編は既に進んでいた。さらにこの閣議決定では、それ以外の連邦行政、とりわけ連邦最高官庁――日本でいえば省――や、連邦上級官庁――日本でいえば外局――にも合理化の圧力を及ぼそうとした。また、この閣議決定には「連邦の行政構造内部の改善」も含まれている。将来の定員削減を踏まえた、行政需要に適った定員配置、各自の専門領域によって官吏の配置を決定するラウフバーン制度の見直し、組織のヒエラルヒーの柔軟化という観点から、現在の省組織を再編成すべきだというものである。さらにこの閣議決定では、担当する事務を本来的な事務（Kernaufgabe）に限定することで、将来、首都移転を契機にボンとベルリンとに分けて設置される省庁組織モデルを提示するよう各省に求めている。

連邦政府によるかかる措置は、これに先行する野党会派による幾つかの動議[37]とともに、同年五月二二日に連邦議会内務委員会において開催された公聴会において審議がなされた。この公聴会では、学識経験者として先述のヤン他二名の大学教授、またＤＢＧ（ドイツ労働総同盟）側からはドイツ官公労などが、国家の構造改革について意見を述べている。とりわけＳＰＤは、連邦政府の遂行する行政改革は極めて不十分であり、「この被選期中に行政改革について政府が何か取り組むことは期待できない。州や自治体はすでに新しい構造改革を首尾良く成し遂げているのだ」と、政府を一貫して批判し続けている。この主張には、ＳＰＤが政権を担当しているノルトライン・ヴェストファーレンなど州レヴェルでの豊富な行政改革経験が背景にあった。ドイツの有力全国紙ヴェルトは、「ＳＰＤは、国家の構造改革の先駆者（Vorreiter）になるであろう」（Die WELT 2. 4. 1997）と述べている。

この間、連邦政府は、ＳＳＳによる最終報告書を待つことなく、順次ＳＳＳの審議と平行してＳＳＳによる改革提言を具体化していった。上述の九六年二月における連邦官庁の削減もそうであるが、これ以外にも、九七年七月に「連邦行政の効率性と経済性を更に向上させるためのアクション・プログラム[38]」を公表し、これに基づいて「行政改革推進会議（Lenkungausschuß）」を同月一八日に設置している。同会議は、連邦内務次官を議長とし、大蔵・防衛・建設・経済・食糧農林・研究科学技術の各省次官から構成され、省庁の枠を越えて行政の構造改革の調整を行い、SSSによる諸提案の具体化を推進する機関である。

四　SSSは、九七年九月一二日に約二年間におよぶその活動を終了し、翌月六日にコール首相に対して最終報告書を手渡した。最終報告書を取りまとめるにあたっては、委員長を含む審議委員一八人のうち二名が態度を保留したが、それ以外の委員が賛成したため、最終報告書として確定した。

その最終報告書の内容は、一五にもおよぶ勧告項目からなる。その項目を示せば以下のようになる。[39]

①　立法の事前評価、
②　EUに対する補完性原理（Subsidiaritätsprinzip）の徹底、
③　連邦・州の共通目標としての行政の構造改革、
④　国家事務の早急な削減、
⑤　連邦・州・自治体レヴェル全てにおける民営化の促進、
⑥　行政規則等の整理・削減、
⑦　法の簡素化（環境法典の制定）、
⑧　国家による統制に先立つ、私人の自己責任の強化：環境監査（Öko-Audit）とこうした手法の応用可能性、
⑨　統計の削減と統計調査協力者の負担軽減、

⑩　お役所行政（Ämterverwaltung）からサービス企業へ、
⑪　公勤務員制改革、
⑫　予算制度の改善、
⑬　情報技術とニュー・メディアの活用、
⑭　計画・許認可手続の促進、
⑮　司法改革。

これらの項目をみるだけでも、通常、各国で導入されつつあるＮＰＭ型行政改革とは異質の項目が含まれていることが分かる。そのうち、最も顕著な特徴の第一は、スリムな〝国家〟を目指すだけに、立法改革や司法改革（①②⑮）までが含まれていることである。ここでは、執行部門の負担を考慮しないルール・メイキング――「法律の洪水（Gesetzesflut）」！――こそが、行政の肥大化を招来しているという考えである。第二に、類似の視点から行政立法の削減（⑥）も論じられている。

第三に、日本の行政改革会議ではほとんど問題にならなかった、統計調査に伴う負担軽減問題（⑨）も取り上げられていることも興味深い[(40)]。日本は、統計を所管する独立部局（総務庁統計局）の他に、各省庁も独自に統計調査を行うという、いわゆる分散型統計機構を採用している。そのために、統計調査の対象となる国民・企業には同一事項について複数の省庁から統計調査がなされ、かなりの負担が生じることがある。政府も一昨年二月一〇日には「申請負担軽減対策」を閣議決定したところであるが、これとて当時進行しつつあった橋本行革を意識しつつ議論された結果ではなかろう。

第四に、さらに特徴的なのは、許認可手続にかかわる問題（⑦⑭）が取り上げられていることである。ドイツの計画・許認可手続は、非常に利害関係人の保護等で手厚いことで知られている。しかしその反面、供用開始決定に至るまでの手続に相当の年月を費やさねばならない負の側面もある。空港や発電所等の大規模施設が設置許可を経て、事業を始めるまでにかなりの時間がかかることは日本でも同じである。しかし、こうした行政手続の遅延にかかわる問題をも行政改革の一環として積極的に取り入れようとする態度は、日本にはみられない。

最後に、本省内の権限・責任の分権化は盛んに論じられるが、ドイツでは連邦法律の執行を原則として州が担当しており、連邦各省にはエージェンシー化の可能な執行組織がそもそも存在しないことが多い[41]。また、仮に存在する場合でも、日本でいう外局にあたる連邦上級官庁など、分権化可能な組織はすでに分権化されているとみることもできよう。

ここで掲げた五つ以外の項目は、大なり小なり日本の近年の行政改革でも意識されているNPM型行政改革モデルとでもいうべき部類に属するといってよい。先にも述べたように、SSSの活動は、SSS設置以前から改革が検討されてきたものについては従前の審議・検討結果を十二分に利用してきた。ドイツ独自の行政改革として掲げた観点がおおよそこれに該当する。逆に、あらたにSSSで検討されたものの大半は、NPM的思考の影響のもとにある。

五

問題は、これらがどの程度実施に移されているかである。まず、連邦公勤務員数の削減については、統一に伴う業務が質量ともに増大したにもかかわらず、定員数は最高時の三八万人（一九九二年）から三一万人に減少し、五四億DMの節約につながった。また、行政改革推進会議の第一回報告書[42]では、アクション・プログラムをさらに推進するための一〇の改革項目が提示され、そしてそれぞれの項目について①短期的に必ず実現すべき

表２：指導理念（Leitbild）の設定

省　　庁	実現の状況			
	検討中	計画中	開　始	継続中
外務省			■	
内務省		■		
法務省	■			
大蔵省	■			
経済省			■	
食糧農林省			■	
労働社会秩序省	■			
国防省			■	
家族・高齢者・青少年・婦人省		■		
保健省	■			
交通省			■	
環境省			■	
建設省	■			
研究科学技術省			■	
経済協力省	■			
新聞情報庁			■	

出典：BT-Drucks. 13/11111（なお，省庁名は98年６月段階）

表３：目標の取り決め

省　　庁	実現の状況			
	検討中	計画中	開　始	継続中
外務省				■
内務省			■	
法務省	■			
大蔵省			■	
経済省			■	
食糧農林省				■
労働社会秩序省		■		
国防省				■
家族・高齢者・青少年・婦人省			■	
保健省		■		
交通省			■	
環境省		■		
建設省	■			
研究科学技術省				■
経済協力省	■			
新聞情報庁			■	

出典：表２に同じ

もの、②短期的に検討すべきもの、③短期的に実現が望ましいものの三段階に分けて、具体化策を講じるよう求めている。これをうけて連邦政府も、「スリムな国家に関する報告書：ネクスト・ステップス」[43]を翌月一九日に明らかにし、現在の行政改革の現況とともに、国家のスリム化のために将来取られるべき措置についても言及している。

その結果、九八年三月に連邦政府が発行した「スリムな国家年鑑（Generalkalender "Schlanker Staat"）」第三版[44]によれば、SSSの勧告を実現する措置・プロジェクトは、第一三被選期に着手されたものだけで約八〇〇にも上り、今回の改革がゆっくりとではあれ各省レヴェルで実現されつつあることを窺わせる[45]。

しかし、例えば、連邦会計検査院が立法の事前審査手続（前述の①）に関して「何ら目に見える実際上の効果をあげていな

表4：費用・成果の比較

省　庁	実現の状況			
	検討中	計画中	開　始	継続中
外務省			■	
内務省			■	
法務省	■			
大蔵省			■	
経済省	■			
食糧農林省			■	■
労働社会秩序省		■		
国防省			■	
家族・高齢者・青少年・婦人省		■	■	
保健省	■			
交通省			■	
環境省		■		
建設省	■			
研究科学技術省			■	
経済協力省	■			
新聞情報庁				■

出典：表2に同じ

表5：リソースの分権化

省　庁	実現の状況			
	検討中	計画中	開　始	継続中
外務省				■
内務省			■	
法務省	■			
大蔵省			■	
経済省	■			
食糧農林省	■			
労働社会秩序省	■			
国防省	■			
家族・高齢者・青少年・婦人省	■			
保健省	■			
交通省		■		
環境省	■			
建設省	■			
研究科学技術省			■	
経済協力省	■			
新聞情報庁			■	■

出典：表2に同じ

い[46]」と指摘したり、「これまで、政府が行政の構造改革に関して標榜した多くの事柄は、概して改革文書の公表にとどまっている[47]」と批判する手厳しい論者も存在する。ただ、SSSが最終報告書を提出してからコール政権が下野するまでには約一年たらずしか残されていなかったことからすれば、致し方ないところでもある。

ここでは、SSSの提言に基づく行政改革の一例として、企業類似の組織管理手法が各省でどの程度導入されているかを紹介しておこう（**表2～5を参照**）。企業類似の組織管理手法は、典型的には、①省の指導理念（例：「安定した労働市場の創出」）を設定し、②これに基づき上下組織単位間で目標を取り決め、③費用と成果との比較を行い、④最後に各種リソース及び責任を分権化する、といった手順で進められている（例：内務省、旧交通省）。各表の網掛け部分は、各省ごとの改革の進行程度を示している。

六　さて、九八年秋の連邦議会選挙で首相に選出されたシュレーダー（G .Schröder）率いるＳＰＤ連立政権は、前政権のスリムな国家改革を果たして継続しているのであろうか、それとも方向転換したのか。

政権交代から約一年間は、連邦政府が新たなスローガンのもとで行政改革に取り組もうとする姿勢は断片的には伝えられていたが、その全容を窺い知ることはできなかった。しかし、九九年一二月一日に、遂に連邦政府は、“Moderner Staat–Moderne Verwaltung”と題された行政改革プログラムを閣議決定するに至っている。同プログラムでは、スリムな国家に代わる新しい指導理念として、「社会を活性化させる国家（aktivierender Staat）」が採用された。

ここで、「社会を活性化させる国家」とスリムな国家との異同が問題となろう。連邦政府の説明では、「かつて追求された〃スリムな国家〃というコンセプトは公共任務の削減に過度に傾注し、消極的な目標設定を標榜したに過ぎない。これに対し、連邦政府は、行政内部の構造改革に関する、従来の単線的なアプローチを凌駕しようとするものである。社会を活性化させる国家という指導理念は、国家・行政の任務理解の変化に関する将来志向的なパースペクティブに道を開くものである。この理念のもとで、一方では単なるスリム化、他方では国家による介入や過剰規制との中間に存する道を、活力ある社会とともに首尾よく歩むことができるのである(48)」という。すなわち、新理念の意図するところは、①極小国家を連想させる、スリムな国家構想から脱却すること、②警察・財政といった国家の核心的任務（Kernaufgabe）は、引き続き政府のみが責任を負うことを明確にすること、③核心的任務と並んでその遂行が必要な公共事務については、必ずしも国家が担当するわけではないこと、である。

しかし、同プログラムで掲げられた4つの原理（①社会と国家との新たな責任の分担、②市民志向性の強化、③国家の多層性（州や自治体との共働）、④効率的な行政）、さらにこれらを分節化した一五の中心的プロジェクトをみる限り、NPM型行政改革を志向している点では両理念にさほど径庭はない。[49]ただ、今回のシュレーダー政権下の行政改革において特徴的なのは、一五のプロジェクトをいかなる機関がいつまでに実現するかを明確に提示していることである。例えば、いわゆる規制インパクト分析（regulatory impact analysis）のドイツ版である「法律インパクト評価（Gesetzesfolgenabschätzung）のためのハンドブック」については、作成主体が連邦内務省、実施期限は二〇〇〇年六月まで、というように明示されている。そこには、「ドイツの行政の構造改革では、行政改革への認識が欠落していたのではなく、行動が欠落していたのだ[50]」という連邦政府の並々ならぬ意欲が垣間見れる。

九〇年代におけるNPM型行政改革の進展度からすれば、いまやドイツでは、NPMはマスコミや国民が一時的に熱狂するブームとは決していえなくなった。また、それは、行政研究者だけがその有用性を認めるにとまり、行政実務に無縁な抽象的概念でもない。さらにそれは、一部の政党・会派等が「新自由主義」というイデオロギーのもとで戦略的に掲げる政治的なスローガンでもない。ドイツにおけるNPMは、拡大した財政危機への対応を表す一つの「哲学」となったのである。

仮に、この「哲学」が現実の国家・社会構造に対する冷徹な診断をもとに形作られたものであるとすれば、それはそれで問題はない。通常、行政改革で掲げられる目的は行政需要の変化の反映でもあり、そしてその行政需要の変化もまた国家観・社会観の変化とも密接に関連するからである。しかし、〝スリムな国家〟改革における一連の議論では、一体如何なる国家観・社会観が前提とされているのかが必ずしも判然としなかった。現代の行政改革の目的を、単純に国家の質的・量的スリム化と位置づけるだけで事足りるのであろうか。国家観・社会観と行政改革の目的との「連結解除（Entkopelung）」（Mayntz 1997d: 65）は、先に述べた診断の是非を不要にし、それ以外の重要な行政の欠陥を看過させてしまう危険性はないのか。

こうした原理的批判を含めて、次節ではドイツのNPM型行政改革に対するマインツらの批判的見解について詳述しよう。

第二節　NPM型行政改革構想に対する批判的見解

しばしば指摘されるように、NPMという語は「曖昧な（loose）用語」である。それは「一九七〇年代後半以降OECD諸国の多くで官僚制改革のアジェンダを支配した、大まかにみれば類似している一群の原理を表す便宜的な名称」（フッド）にとどまり、厳密な外延・内包を備えた概念ではない。そのため、NPM型行政改革構想に対する批判も、相手側の見解を自側の都合の良いように解釈する決めつけ論的なものが多い。ここではそうした些細な食い違いは度外視して、NPM型行政改革構想に対する批判を展開する、代表的論者の基本的な問題意識・スタンスについて検討してみたい。

まずは、NPMに対する批判的見解を要領よくまとめているフッド（Ch. Hood）の一九九一年論文[51]を手掛かりとして、NPM型行政改革構想への批判にしばしばみられる共通性を抽出してみよう。

(1)　フッドらによる批判――NPMは普遍的か?

一　フッドは、NPMに対して提起される問題点として、以下の四つを挙げている。

①　NPM＝アンデルセンの「裸の王様（the Emperor's New Clothes）」論、つまり、NPMはいわれるほど改革を進めていないというものである。

②　NPM＝非効率論、つまり、NPMは実際には低いコストでサービスを提供できていないというものである。

③　NPM＝特殊利益論、つまり、NPMは公益の増進というよりは、むしろ中央省庁の幹部など一部の集団を利するだけで終わっているというものである。

④　NPM≠普遍性論、つまり、NPMはいかなる国・政府のレヴェルでもマネジメント問題を解決する万能薬ではないというものである。

フッドが挙げた四項目は、厳密に考えると、③の指摘するように、特殊利益にNPMが奉仕するが故に②の非効率を生むとも考えられるため、十分に咀嚼されたものとは言い難い。それはともかく、フッドが掲げた④のように、NPMの射程を幾つかの観点から限定しようとするという意味で、その万能性・普遍性を否定する批判が一般的である。例えば、行政が提供するサービスは指標化が困難であるために、アウトプットを数量的に統制することには限界があるという議論である。あるいは、行政は経済性・効率性を追求するのみならず、公正・平等や安全性・安定性といった価値をも充たさねばならないため、効率性の強調→行政の全面的な経営化は社会的弱者に不利益になり、許されないといった類の主張である。とりわけ、法治国家や民主主義に対して規範的信頼の強いドイツでは、こうした批判的見解は少数ながらも根強いものがある。すでに触れたケーニッヒがその最たる例である。

二　ケーニッヒは、現在、シュパイヤー行政大学院の行政学・統治機構論（Regierungslehre）及び公法学講座の教授である。この肩書きからお分かりのように、彼の行政改革に関する議論にも、法治国家性や民主主義という視点を忘れない、法学的行政学者らしい規範論が展開されている。NPMに対する彼の批判は、大要、三つの主張からなる。(52)

①　NPM的手法を導入する場合には、アングロ・アメリカ諸国とドイツとの文化的な相違、具体的には官僚制の発達が民主主義が確立するよりも早かったかどうか、あるいは法治国家（Rechtsstaat）の浸透度、を考慮すべきである、

②　NPMを支える理論的支柱が公共選択論、新制度派経済学、アメリカ的なマネジェリアリズムなど複数であるために、NPMがもたらすといわれる幾つかの帰結に矛盾が生じる、

③　その特性からすれば当然に公的な事務に属する領域に企業経営的な効率性をあてはめても、平等性や公正さを損なう等の問題が生じる。

そこで、ケーニッヒの主張を先に紹介したフッドのそれとつきあわせてみると、その二番目の批判は欧米や日本でも聞かないわけではないが、それ以外の二つの批判は、いずれもフッドの掲げた①NPM＝「裸の王様」論、②NPM＝非効率論、③NPM＝特殊利益というよりは、あきらかに④NPM≠普遍性論に該当する。管理パラダイム（managerial paradigm）あるいは企業パラダイム（entrepreneurial paradigm）は行政パラダイム（administrative paradigm）に完全に取って代われないというのが、彼の主張の骨子である。SSSに先行するかたちで進められていた国家事務の削減論や民営化論においても、ケーニッヒ的な普遍性批判論が展開されることが多

かったことを考えれば、彼のＮＰＭ批判はドイツでは少数ながらも有力である。

ＮＰＭ批判論が一定の観点だけから展開されている理由の第一は、ドイツのＮＰＭ的行政改革が行革先進諸国に比していまだ試行段階にあり、比較が可能なほどにドイツ国内の実例に乏しいことがある。また、イギリスやニュージーランドなどと異なり、公共選択論やマネジメント理論など、特定の理論に依拠せず九〇年代の行政改革が進められていること等によるものと思われる。これに対して、④の観点は、例えば諸外国におけるＮＰＭ型行政改革の実例を素材にしつつ、抽象的に議論を展開することが可能であり、また、行政研究において今なお有力である法学的行政学（Verwaltungslehre）――その代表的人物の一人がケーニッヒである――の規範的な立論構成に親しみやすいからである。

三　本来であれば、ここでＮＰＭの諸原理とこれに対するケーニッヒらによる批判とを突き合わせ、両者の主張の優劣について検討すべきであろう。しかし、筆者は、かかる作業を通じて行政学が理論的に得るものはさほど多くはないと考える。その理由を、ＮＰＭ型行政改革（とりわけ公務員制度改革）に関する最も優れた研究の一つである、西村美香の主張に従いつつ述べてみよう。「ＮＰＭによる改革が盛んになる前の行政は、あまりにも management に無関心であったため、民間なら許されないような非能率が存在していたのは事実である。ＮＰＭはそうした行政組織に management 感覚を吹き込むことで、民間企業と同じような能率の追求による経費削減や、従来の行政制度・慣行の枠にとらわれない改革をしたという点では功績が大きい。しかし、こうした改革を進めるにつれて、民間の management が貢献できる領域に限界があることも明らかになりつつある。だからこそ今後は民間の management 信仰に傾きかけたバランスを是正し、management では解決できない領域、公共部門に特有の『質』や様々な価値の問題を、考えていく必要がある[53]」。

たしかにその通りである。行政から統治的性格が失われることがない以上、administration が完全に management に転化することはありえない。しかし、抽象的にではあれ両者の間のどこかで線引きがなされる（あるいは、なされねばならない）こと自体は、ＮＰＭの議論のずっと以前から当然の事柄として受け取られてきたのではないか。またその線引きも、行政活動に関する内容的・実質的な判別基準を用いることでは〝発見〟困難であり、これに代わる手続的な基準を用いて、試行錯誤を繰り返すほかないことも、重々承知の上ではなかったか。ただ、イギリスのＮＰＭ型行政改革等が、エージェンシー化や強制競争入札など極めてユニークでラディカルな手法を用いて両者の境界線ぎりぎりにまで近づきつつある、あるいは従来曖昧にされてきた境界線をきっちり画定しようとしているだけの話である。その意味で、今日もてはやされているＮＰＭは、追求すべき目標というよりは、むしろその実施手法のユニークさやラディカルさにおいてのみ“New”と形容されるにふさわしい（参照、Mayntz 1997d: 65）。したがって、諸外国における management 徹底のための具体的手法から学ぶことはあっても、一方を公正・公平、他方を効率性とする〝振り子〟[54]のふれる先を丹念に追いかけることは、仮にそれが落ち着くことを知らない永久運動だとすれば徒労である。

　むしろ問題は、ＳＳＳなどのＮＰＭ型行政改革が、現代におけるマクロな国家・社会分析と十分リンクせぬまま、財政危機の克服を中軸に据えて改革案を提示することにあるように思われる。いうまでもなく、財政危機は、先進諸国に共通する難問であり、各国行政の対処すべき最重要課題の一つである。しかし、果たしてそれだけを眼中に入れて改革案を処方することで必要十分であろうか。次に、このような原理的な批判を提示するマインツの所説を取り上げよう。

⑵　マインツによる批判

一　マインツは、ドイツのＮＳＭや〝スリムな国家〟構想を含めて、ＮＰＭ型行政改革を、二〇世紀末における西欧各国の財政危機に対する一つの対応策だと規定した上で、「財政危機は、現実の公的セクターにおける危機のうち中心的な問題なのであろうか」（Mayntz 1997c: 98）という問いを提示している。つまり、仮に現代国家・行政が抱える解決すべき課題が財政危機の他にも存在するとすれば、主として財政危機を契機として構想されたＮＰＭ型の構造改革（Modernisierung）では、現代行政の重要な側面が見過ごされてしまうのではないか、というものである。

彼女によれば、財政危機の原因分析に基づいて財政危機への処方箋を提示する、二つの対立する考え方があるという。一つ目は、国家が供給する公共サービスに対する市民の過剰な要求・期待が財政危機をもたらしたという、行政外在的な説明である。二つ目が、ニスカネン（W. Niskanen）に代表される公共選択理論である[55]。つまり、官僚の予算最大化行動が財政危機の原因だとする、公的セクター内在的な説明である。マインツは、第一の理解が正しいとすれば、改革の対象は、行政ではなくむしろ議会や政党であり、これらに国民や圧力団体からの過剰な要求に対処しうる能力を与えることこそ改革の主眼となろうと反論を加えている。次に、第二の考え方によれば、官僚の予算最大化行動を抑制すべく、企画立案部門と執行部門とを区分したり、あるいは一定の指標や報告制度等を設けて官僚行動をモニタリング可能にする等が、行政改革の戦略として選択されることになる。後者のように、財政危機の原因を、十分に能率的ではないレント志向の行政官僚制組織自身に求めるとき、ＮＰＭは適切な選択となる。

しかし、マインツは、後者の診断は正しいであろうかと述べ、ＮＰＭのように「行政を単独で考察するのではなく、社会的コンテクストのなかで考察し、社会の変化が行政の任務や構造にどのように影響を与えるか」(Mayntz 1997d :68) を問うべきであると指摘している。

二

マインツのこうした指摘の基礎には、第一部第四章で述べた機能分化に関する社会理論がある。それは、現代社会を、経済システムや教育システムなど、広く社会に制度化され、機能特性的な行為の連関である、複数の部分システムから構成されると捉える考え方である。機能的部分システム相互の分律化 (Ausdifferenzierung) は段階的に進行し、最終的には、対内的にシステムを規律する能力を持ち、対外的にはシステムの特殊利益を代表しうる組織が登場する。また、機能分化は水平的のみならず、垂直的にも分化する。この水平的・垂直的分化が調整の必要性を増大させる。しかし、適切な問題解決は異なった部分システム間、異なる省庁間、あるいは国家システムに上位する国際システム間にまたがり、そこでの調整をますます必要としている。

しかし、行政官僚制は今日、かつてのように一方的に優位に立って権力的に介入することができず、情報・技術・金銭・マンパワーなど各種の活動リソースに関して部分システム内部の他の組織との相互依存を余儀なくされている。いきおい、行政の活動の場は、各機能的部分システムの主要な組織が参画する「交渉システム (Verhandlungssystem)」(参照、第一部第四章第一節七) に移行せざるを得ない。この脱ヒエラルヒー化したアリーナでは、支持、命令、強制といった集権的・権威的制御手法ではなく、利害調整、取引、問題の一括処理、説得、巧みな情報処理能力等が、行政に問われることになる。マインツによれば、この交渉システムを通じた組織間の「相互依存関係のマネジメント (Interdependenzmanagement)」こそ、現代国家とりわけ行政官僚制が果たすべき現代的役割である。

三　したがって、そこでは、政府の規模・範囲やこれに伴うコストといったレヴェルにとどまらない問題の解決が中心的課題となる。すなわち、公共サービスの供給に際して効果的にリソースを投入するという意味での能率性の向上だけが、問題ではない。規制領域の相互依存化がもたらす問題分析の複雑化、省が過度に機能分化する――これは、社会の機能分化が省内に投影された結果である――ことによって生じるセクショナリズムや解決困難な省際問題の発生（その裏返しとしての権限の重複）、省がクライアントの植民地と化すこと（Kolonisierung）、こうしたシステム間の相互依存から発生する「意図せざる結果」にはＮＰＭはほとんど配慮せず、個々の制度や行政官庁及びそこでの効率性の問題に偏って行政改革を構想している、とマインツは批判する。この意味では、「管理のスタイルは統治構造（governing structure）と共に変わる。ＮＰＭはラインの官僚制には適合的であろうが、組織間のネットワークを管理するには不適合である」[56]という、イギリスにおける行政研究の第一人者ローズの指摘も、彼女の問題意識と通底する。

彼女のＮＰＭに対する最終的な診断はこうである。「行政の非能率は、実際、問題である。しかし、社会理論的なパースペクティブからすれば、それは現代国家における最重要の問題ではない」（Mayntz 1997d: 73）。

四　第一部第二章〜第四章でみたように、マインツを典型とする現在のドイツ行政研究は、主として行政の内部的視点から、社会制御を可能にする行政組織の編成原理を導こうとしたことへの方法論的な反省の上で、各政策セクターごとに形成されている政策ネットワークやネットワークの管理へと徐々に研究関心を移していった。別言すれば、ドイツの行政研究は、行政組織の制御能力（Steuerungsfähigkeit）から社会の政策セクターの被制御可能性（Steuerbarkeit）へとその考察の対象を移動・拡大し、セクターごとの政策ネットワークの特性をヴィヴィッドに描き出した[57]。社会制御の主体から客体へ、行政組織研究から政策セクターのネットワーク構造分析へと関心を移行させた。

ところが、ＮＰＭで想定される行政環境たる社会は、「顧客」あるいは「市場」といった抽象的なタームで語られるにとどまることが多い。そのため、彼女は、行政組織内部に焦点を絞ったＮＰＭ型行政改革構想に対して、これまでのドイツの行政研究と断絶したかたちで議論が展開されていると批判するのである。

五

ただ、こうした主張がＮＰＭ型行政改革に対するアンチテーゼとして仮に有効だとしても、あるべき行政改革のジンテーゼをマインツが提示するに至っているかといえば、決してそうではない。彼女以外に「アングロ・アメリカ的なマネジェリアリズムに対するオールタナティブ」を提示しようとする研究[58]も一部で存在するが、マインツ同様、アウフヘーベンの必要性を示唆するにとどまっている。これまでの従来型のマネジメント理論が組織（ヒエラルヒー）によるガバナンス、そしてＮＰＭ理論が組織の中に疑似市場を創出する市場型ガバナンスだとすれば、マインツが構想するジンテーゼとしてのガバナンスとは、組織間の相互依存＝ネットワークを通じた共働によるガバナンスということになろう（参照、第一部第四章第二節）。なるほどネットワークは、分散した資源を蓄積・動員してアクター間の問題解決へ向けた共働関係を導きうるメカニズムである。しかし、組織や市場が万能でないように、ネットワークもガバナンス・モデルとしては万能ではない。そのため、よきガバナンスをもたらす、組織間の相互依存関係のあり方とはいかなるものかという問題を解明する必要があるとともに、ネットワーク管理者として行政官僚制だけが果たしうる固有の機能をも積極的に解明することが望まれる[59]。

以上、マインツをはじめとする行政研究者による、ＮＰＭ型行政改革に対する批判的見解を紹介・検討してきた。なるほど、彼女の立論はＮＰＭ型行政改革を完膚無きまでに批判し、新しいガバナンスモデルに基づく行政改革案を構想するには至っていない点で、なお不十分である。しかし彼女は、機能分化理論をベースにしつつ、現代行政の最も重要な課題の一つが組織間の相互依存のマネジメント問題であること、そしてＮＰＭ型行政改革が個々の行政官庁の内部組織を念頭に置いた改革であるために、この問題への対応としては必ずしも適切な処方箋ではないこと等を的確に指摘した点で、刮目に値しよう。

おわりに――行政改革の日独比較研究にむけて――

先般公表された行政改革会議の「最終報告書」は、戦後日本の行政改革史のなかでも、司馬遼太郎の『この国のかたち』を引きつつ、「二一世紀日本のあるべき国家・社会像を視野の中軸に据え、改革の具体像を描こう」と試みた点で、稀有な部類に属する。行政改革会議の主査を務めた藤田宙靖は、ある時期、行政改革の必要として問われている問題を正面から考察する場合には、官界・司法界に存在する「国家と社会の二元的対立論」というパラダイムを根本的に改変する必要があるという問題意識から、国家観の転換の必要性を強く説いていた。(60) しかし、審議の経過からすれば、現実の国家・社会に対する冷徹な分析とリンクするかたちで、行政改革（とりわけ省庁再編）が構想されたとはいえない側面もある。行政改革会議の当初では「二一世紀における国家機能の在り方」が審議対象の一つに掲げられ議論が重ねられたが、その後は、国家機能論だけでは「必ずしも省庁再編に結びつかない」(61)という認識に至り、国家機能に関するいわゆる「橋本四分類」に修正を施そうとする意見は一部の委員に限られた。また、行政改革会議では、行政改革の三側面（官民関係、官公関係、政官関係）の一つである政官関係の改革に議論が絞られ、「民」と対比される「官」の任務領域については、行政改革委員会の〝発見〟した「公理」に疑問を差し挟むことはなかった。

この点、行政改革会議よりも、むしろ、官民の役割分担を検討した行政改革委員会・官民活動分担小委員会の審議において、ある参与から繰り返し出されていた意見のほうが興味深い。曰く、「今後、政府部門と民間部門との関係はますます交錯し、いわゆるグレーゾーンが拡大していくと予想される。それに伴い、政府行政機関が提供するサービスが公共サービスであるという伝統的観念は急速に陳腐化して、いわば『市民的公共性』の観念に支えられた、地域レヴェルから国際レヴェルまでの広がりを備えた公共空間の成立に対応した重層的な公共サービス供給の制度編成が求められるようになるのではないか。そうした各レヴェルでの公共サービス供給の制度編成について考えるにあたっては『官から民へ』という一方的な移行関係でとらえきれない部面が多く現出してくることが予想される(62)」。

この主張には、現代国家・社会像の変化に対応した、公共サービス供給の制度編成のありかたが示唆されており、マインツの問題意識に一脈通じる、（非営利的組織・団体を含む）公私の組織間の相互依存関係を前提とする行政改革の方向性が示唆されている。しかし、こうした見解は「公共経済学」を「駆使」する多数意見が聞き入れることはなかった。「行政関与の在り方に関する基準」では、非営利的組織・団体を含む、公私の組織間による相互依存関係に基づく交渉システムの見直し・再編というよりは、むしろこうした相互依存関係の可及的解消を目指しているように思われる。

なるほど、「官から民へ」、「戦後型行政システムから二一世紀型行政システムへ」といった一方向的な移行関係で、ポストモダンの行政官僚制組織を語ることは、非能率的で、モラル・ハザードに満ちあふれ、癒着・談合等々の悪しき相互依存関係（あるいは悪しきネットワーク）を醸成してきたとされる日本行政官僚制にとっては、ショック療法としてことのほか有効であろう。しかし、（非営利的組織・団体を含む）公私の組織間による相互依存が避けられないという現状を視野の外に置く行政改革は、用法を間違えると死に直結する劇薬に等しい。最近の大蔵・金融不祥事あるいは介護保険法の運用実務をみてもわかるように、行政活動に必要な情報や専門知識を行政官僚制内部から調達できず、外部の専門組織・団体（及びこれに属する専門家）に依存せざるを得ない「プロクシィ・ガバメント（代理人政府）[63]」の到来は、二一世紀においては必至である。はたしてＮＰＭ型行政改革は、公私の組織間による相互依存から派生する問題に対して、適切な処方箋を示しているであろうか。ＮＰＭ型行政改革の陥穽が、ここにも見いだされるように思われる。

（1）P. Dunleavy & C. Hood, From old public administration to new public management, *Public money & management* 14 (1994), p. 14.
（2）G. Lehmbruch,From state of authority to network state, in: M. Muramatsu & F. Naschold (eds.), *State and administration in Japan and Germany*, 1997, p. 39.
（3）ダニエル・オキモト（渡辺敏訳）『通産省とハイテク企業』（サイマル出版会、一九九一年）。オキモトのネットワーク国家論については、参照、建林正彦「産業政策と行政」西尾勝＝村松岐夫編『講座行政学三・政策と行政』（有斐閣、一九九四年）九〇頁以下。
（4）参照、米丸恒治『私人による行政――その法的統制の比較研究』（日本評論社、一九九九年）、高木光「技術基準の策定手続」常岡孝好編『行政立法手続』（信山社、一九九八年）八一頁以下。
（5）村松『行政学教科書』（有斐閣、一九九九年）、同・前掲第二部第一章註(13)「一九六〇年代と七〇年代の日本政治」三四四頁以下。
（6）地方分権改革については、水口憲人「分権改革と中央地方関係」日本行政学会編『年報行政研究三一・分権改革』（ぎょうせい、一九九六年）五一頁が同趣旨のことを指摘している。
（7）ドイツ語にいうModernisierungは直訳すれば「現代化」となろうが、住居等の改築をModernisierungと表現する用法もあり、実際にはReformと同義で用いられている。そのため本稿では訳語として定着しつつある「現代化」ではなく、「(構造)改革」を訳語としてあてている。この点については、縣公一郎氏（早稲田大）から示唆を受けた。
（8）Seibel, Administrative science as reform, p. 104.

（9）W. Jann, Public management reform in Germany: A revolution without a theory ?, in: W. J. M. Kickert (ed.), *Public management and administrative reform in Western Europe*, 1997, p. 83.

（10）F. Naschold, *Modernisierung des Staates*, 2. Aufl., 1994, p. 67; Naschold/J. Bogumil, *Modernisierung des Staates*, 1997, p. 76.

（11）戦後ドイツの行政改革を概観する文献については、第一部第一章註（6）に掲げた文献を参照のこと。また、ドイツにおける民営化措置に関する邦語文献として、参照、米丸・前掲書註（4）、桜井徹『ドイツ統一と公企業の民営化』（同文舘、一九九三年）、縣公一郎「ドイツ連邦郵便の組織改革――民営化、国際化、及び合理化の観点から――」早稲田政治経済学雑誌三〇四・三〇五合併号（一九八九年）二〇五頁以下、同「西独民営化政策の概要」㈶行政管理研究センター編『主要諸国の民営化の潮流』（㈶行政管理研究センター、一九九〇年）八三頁以下、山下淳「西ドイツにおける行政改革」㈶行政管理研究センター編『西欧各国の行政改革（II）』㈶行政管理研究センター、一九八九年）一〇九頁以下。

（12）Püttner, *op. cit.*, p. 274.

（13）Jann, Public management reform in Germany, p. 85.

（14）Naschold, *Modernisierung des Staates*, p. 42.

（15）K. König/J. Beck, *Modernisierung von Staat und Verwaltung*, 1997, p. 101.

（16）M. Röber, Germany, in: D. Farnham et al. (eds.), *New public managers in Europe*, 1997, p. 169.

（17）ドイツ統一基金については、参照、縣公一郎「統一後ドイツの協調的連邦主義――ノルトライン・ヴェストファーレン州とブランデンブルグ州の水平的協力を実例に――」日本行政学会編『年報行政研究二七・統治機構の諸相』（ぎょうせい、一九九二年）一六七頁以下。

（18）参照、BT-Drucks. 12/6625; 12/6520; 12/8090.

（19）参照、BT-Drucks. 13/2206; 13/2464; 13/3582; 13/3902; 13/10190; 13/10204.

（20）村松・前掲書註（5）『行政学教科書』七四頁。

（21）Jann, Public management reform in Germany, p. 86.

（22）Ch. Reichard, Neue Steuerungsmodell: Local reform in Germany, in: Kickert, *op. cit.*, pp. 64-65. なお、自治体間競争については、原田「第三者機関による自治体活動の評価」都市問題九一巻八号（二〇〇〇年）で簡単に触れたことがある。

（23）　その全文として、参照、http://www.kgst.de/veroeffent/set veroeffent.html；邦語文献として、参照、山内健生「ドイツにおける地方行革に関する覚書（二）」地方自治六〇〇号（一九九七年）五九頁以下、白藤博行「行政の『現代化』と新しい自治体運営モデル――最近のドイツの自治体改革の議論動向に着目して――」都市問題八八巻五号（一九九七年）六七頁以下。また、U. Mix & M. Herwijer (eds.), *10 Jahre Tilburger Modell*, 1996 では、なぜティルブルグがドイツで注目されたのかや、ドイツにおけるオランダ行政改革への理解の仕方の問題点についても触れられており、ドイツの行政改革の特質を考える上で興味深い。

（24）　Reichard, *op. cit.*, p. 66.

（25）　Naschold/Bogumil, *op. cit.*, p. 131. ＮＳＭに基づく自治体改革に関する邦語文献として、参照、山内健生「ドイツにおける地方行革に関する覚書（三〜四）」地方自治六〇三〜四号（一九九八年）、廣田全男「ドイツの地方分権――市民指向の行政運営――」藤岡純一・自治体問題研究所編『海外の地方分権事情』（自治体研究社、一九九五年）四三頁以下。

（26）　W. Damkowski/C. Precht (eds.), *Moderne Verwaltung in Deutschland*, 1998, pp. 136-143 には、ケルン市役所勤務の G. Kappius によるレポートが収録されている。ケルン市の行政改革に関する邦語文献として、参照、日本経済新聞社・日経産業消費研究所編『行政革新』（日経産業消費研究所、一九九八年）一〇三頁以下。

（27）　P. Eichhorn/H. J. Hegelau, *Zur künftigen Struktur von Bundesregierung und Bundesverwaltung*, 1993.（未見）

（28）　W. Jann, *Moderner Staat und effiziente Verwaltung*, 1994.

（29）　Naschold, *Modernisierung des Staates*.

（30）　Naschold/Bogumil, *op. cit.*

（31）　K. König, *Verwaltungsstaat im Übergang*, 1999; König/Beck, *op. cit.*

（32）　A. Benz/K. H. Götz, The German public sector: national priorities and the international reform agenda, in: Benz & Götz (eds.), *A new German public sector ?: reform, adaptation, and stability*, 1996, p. 12.

（33）　V. Busse, Verfahrenswege zu einem "schlankeren Staat", *DÖV* 49 (1996), pp. 389-396.

（34）　具体的には、連邦政府共通執務規則・各論編（Gemeinsame Geschäftsordnung der Bundesministerien–Besonderer Teil, GGO II）22a条に、以下の条項が追加され、一九八四年にすでに閣議決定されていた「ブルーチェックリスト」自体が同各論編の附属文書（Anlage）として編入された。「法案の作成にあたっては、連邦各省は、連邦政府によって閣議決定された連邦の法規定のチェックリスト（ブルー・チェックリスト）をすべての作成段階で考慮（berücksichtigen）しなければならない」。参照、*Handbuch der Bundesregierung, 14. Wahlperiode* (*Stand 1. April 1998*)。ブルー・チェックリストに関する邦語文献として、参照、白藤博行「ドイツ連邦共和国における連邦法令および行政規則の改善のための諸措置」専修大学法学論集五九号（一九九三年）一六一頁以下、山下・前掲註(11)九七頁以下。

(35)　ドイツにおける〝手厚すぎる〟行政手続の促進論については、山田洋『大規模施設設置手続の法構造』（信山社、一九九五年）及び同『ドイツ環境行政法と欧州』（信山社、一九九八年）一九一頁以下が詳しい。

(36)　BT-Drucks. 13/3923.

(37)　註(19)に掲げたBT-Drucks.を参照。

(38)　SSS, *Abschlußbericht* (*Materialband*), 2. Aufl., 1998, pp. 426-451.

(39)　SSS, *Abschlußbericht*; K. G. Meyer-Teschendorf/H. Hofmann, Zwischenergebnisse des Sachverständigenrats "Schlanker Staat", *DÖV* 50 (1997), pp. 268-277; Meyer-Teschendorf/Hofmann, Bereinigung des Bundesstatistik-Abbau von Verwaltungsvorschriften und Standards-Reform der Bundesbehördenstruktur, *DÖV* 51 (1998), pp. 217-225. 邦語文献として、参照、縣・前掲第一部第一章註(6)「戦後ドイツの行政改革概観」一六一頁以下、米丸恒治「ドイツ——『社会的法治国』ドイツの国家改革論」法律時報七〇巻三号（一九九八年）三三頁以下。

(40)　この点については、立ち入って論じたことがある。参照、原田「もう一つの総量規制？——統計行政改革の課題と展望」アドミニストレーション六巻一号（一九九九年）一頁以下。

(41)　H. Klages & E. Löffer, New public management in Germany, *International review of administrative science* 64 (1998), p. 46. ただ、連邦上級官庁にも様々な性質のものが存在し、事柄は非常に複雑であるため、連邦本省とそれ以下の連邦上級官庁等との関係に関する実態分析は他日に期したい。

(42)　Lenkungsausschuß Verwaltungsorganisation, *Erster Bericht und Fortschreibung des Aktionsprogramms zur weiteren Steigerung von Effektivität und Wirtschaftlichkeit der Bundesregierung*, BT-Drucks. 13/9980.

(43)　Bundesregierung, *"Schlanker Staat": Die nächsten Schritte*, BT-Drucks. 13/10145.

(44)　Arbeitsgruppe Verwaltungsmodernisierung, *Generalkalender "Schlanker Staat"*, 1998.

(45)　一三被選期末段階での行政改革に関する報告書として、参照、Bundesregierung, *Zweiter Bericht zum Aktionospro-*

gramm zur weiteren Steigerung von Effektivität und Wirtschaftlichkeit der Bundesregierung, BT-Drucks. 13/1111.

(46) Bundesrechnungshof, *Bemerkungen des Bundesrechnungshofes 1998*, BT-Drucks. 14/29.

(47) Jann/Wewer, *op. cit.*, p. 260.

(48) Bundesregierung, *Moderner Staat-Moderne Verwaltung:Das Programm der Bundesregierung*, 1999, p. 1.

(49) 一五のプロジェクトとは、①法律のインパクト評価、②新しい行政サービスを行うにあたっての法的障害の発見と除去、③連邦の（ラントに対する）権限の緩和、④州や自治体の法律制定段階への関与、⑤連邦によるインフラ整備任務の改善、⑥ＰＰＰに関する法的整備、⑦情報化社会への対応、⑧連邦データ保護法における監査の充実、⑨新しい制御手法の導入、⑩コスト・成果比較の標準化、⑪ベンチマーキングの導入、⑫情報自由法（情報公開法）の制定、⑬新しい情報技術の導入、⑭公勤務法の改革、⑮人事開発、である。

(50) 行革プログラム公表に際しての連邦内務大臣シリーのステートメント（九九年一二月一日）。参照、http://www.staat-modern.de/presse/info/statem.html.

(51) Ch. Hood, A public management for all seasons ?, *PA* 69 (1991), pp. 3-19. 同論文を紹介する邦語文献として、参照、西村美香「New Public Management（NPM）と公務員制度改革」成蹊法学四五号（一九九七年）一一三頁以下。

(52) König/ Beck, *op. cit.*; König, Verwaltungsmodernisierung im internationaler Vergleich, *DÖV* 50 (1997), pp. 265-268.

(53) 西村・前掲註(51)一五五～一五六頁。

(54) 森田朗「行政改革と行政学」季刊行政管理研究七九号（一九九七年）二八～二九頁。

(55) ニスカネンの所説に関する邦語文献として、参照、橋本信之「ニスカネンモデルと官僚行動」法と政治四一巻四号（一九九〇年）三一一頁以下。

(56) R. A. W. Rhodes, *Understanding governance*, 1997, p. 55.

(57) この点を的確に指摘する文献として、参照、Jann, Verwaltungswissenschaft und Mnagementlehre, p. 53.

(58) W. J. M. Kickert, Public management in the United States and Europe, in: Kickert, *op. cit.*, pp. 15-39; Kickert, Public governance in Netherlands-an alternative to Angloamerican "managerialism", *PA* 75 (1997), pp. 731-752.

(59) ネットワーク管理については、参照、原田「政策・制度・管理――政策ネットワーク論の複眼的考察――」季刊行政管理研究八一号（一九九八年）二七頁以下。

（60）http://www.law.tohoku.ac.jp/~fujita/ に掲げられた論稿を参照。

（61）藤田宙靖・小早川光郎「〔対談〕行政改革の変革」ジュリスト一一三三号（一九九八年）二七頁。

（62）行政改革委員会事務局編『行政の役割を問い直す』（大蔵省印刷局、一九九七年）九六頁、一三三頁。

（63）今里滋「融解する政府職能──民間専門職と〝プロクシィ・ガバメント〟」季刊行政管理研究七九号（一九九七年）一四頁以下。

マインツ引用文献目録（本文中に引用したもののみ）

Mayntz 1963: *Soziologie der Organisation.*

Mayntz 1964: The study of organization, *Current Sociology* 13, pp. 95-127.

Mayntz (ed.) 1968a :*Bürokratische Organisation.*

——Mayntz 1968b: Max Webers Idealtypus und die Organisationssoziologie, pp. 27-35.

Mayntz 1969: Soziologie der Organisation, in: R. Konig (ed.), *Handbuch der Empirischer Sozialforschung Bd. 2*, pp. 444-467.

Mayntz 1971: *Politische Planung und demokratische Beteiligung.* Gutachten für PRVR. (未見)

Mayntz 1972: Funktionen der Beteiligung bei öffentlicher Planung, in: Hochschule für Verwaltungswissenschaften Speyer (ed.), *Demokratie und Verwaltung*, pp. 341-353.

Mayntz & F. W. Scharpf 1972: *Programmentwicklung der Ministerialorganisation.* Gutachten für PRVR. (未見)

Mayntz & F. W. Scharpf (eds.) 1973a: *Planungsorganisation.*

——Mayntz & F. W. Scharpf 1973b: Kriterien, Voraussetzungen und Einschränkungen aktiver Politik, pp. 115-145.

——Mayntz & F. W. Scharpf 1973c: Vorschläge zur Reform der Ministerialorganisation, pp. 201-221.

Mayntz & F. W. Scharpf 1973d: Plobleme der Programmentwicklung der Ministerialorganisation auf Bundesebene, in: Hochschule für Verwaltungswisssenschaften Speyer in Zusammenarbeit mit der Deutschen Sektion des Internationalen Instituts für Verwaltungswissenschaften (ed.), *Organisation der Ministerien des*

Bundes und der Länder, pp. 37–52.

N. Luhmann & Mayntz 1973: *Personal im öffentlichen Dienst.*

Mayntz 1974: Das Demokratisierungspotential der Beteiligung Betroffener an öffentlicher Planung, in: H.-J. v. Oertzen (ed.), *"Demokratisierung" und Funktionsfähigkeit der Verwaltung*, 1974, pp. 50–61.

Mayntz & F. W. Scharpf 1975: *Policy-making in the German federal bureaucracy*（参照，真山達志「書評」季刊行政管理研究一九号（一九八二年）六七頁以下）

Mayntz 1975a: *Beratungswesen im BMJFG.* Untersuchungsbericht für PRVR.（未見）

Mayntz 1975b: Vollzugsdefizit in Umweltschutz und Umweltplanung-Problemanalyse und Hinweise für ein Forschungsprogramm, Manuskript.（未見）

Mayntz 1976a: Staat und politische Organisation, in: *Verhandlungen des 17. Deutschen Soziologentages*, pp. 327–346.

Mayntz 1976b: Verwaltungssoziologie, in: W. Bierfelder (ed.), *Handwörterbuch des öffentlichen Dienstes*, pp. 1744–1751.

Mayntz 1976c: Conceptual models of organizational decision-making and their application to the policy-making, in: G. Hofstede & M. S. Kassem (eds.), *European contributions to organization theory*, pp. 114–125.

Mayntz 1976d: Environmental policy conflicts, *Policy Analysis* 2, pp. 577–587.

Mayntz 1977a: Sociology, value freedom, and the problems of political counseling, in: C. Weiss (ed.), *Using social research in public policy making*, pp. 55–65.

Mayntz 1977b: Struktur und Leistung von Beratungsgremien, *Soziale Welt* 28, pp. 1–15.

Mayntz u. a. 1978: *Vollzugsprobleme der Umweltpolitik.*

Mayntz 1978a: Zur Nichtbeteiligung der Wissenschaft bei der Implementation von Reformen, in: C. Böhret (ed.), *Verwaltungsreformen und Politische Wissenschaft*, pp. 45–51.

Mayntz 1978b: Intergovernmental implementation of environmental policy, in: K. Hanf & F. W. Scharpf (eds.), *Interorganizational policy making*, pp. 201-214.

Mayntz & J. Hucke 1978: Gesetzesvollzug im Umweltschutz, *Zeitschrift für Umweltpolitik* 2, pp. 217-244.

Mayntz 1979a: Public bureaucracies and policy implementation, *International Social Science Journal* 31, pp. 633-645.

Mayntz 1979b: Shortcomings of organization theory, in: H. Klages (ed.), *Beiträges der Organisationsforschung zur Analyse industrieller Gesellschaften*, pp. 68-71.

Mayntz 1979c: Regulative Politik in der Krise, *Verhandlungen des 19. Deutschen Soziologentages*, pp. 55-81.

Mayntz (ed.) 1980a: *Implementation politischer Programme I.*

——Mayntz 1980b: Entwicklung der analytischen Paradigmas der Implementationsforschung, pp. 1-17.

——Mayntz 1980c: Die Implementation politischer Programme: Theoretische Überlegungen zu einem neuen Forschungsgebiet, pp. 236-250.

Mayntz 1980d: *Gesetzgebung und Bürokratiesierung.*

Mayntz 1980e: Executive leadership in Germany, in: R. Rose & E. N. Suleiman (eds.), *Presidents and Prime Ministers*, pp. 139-170.

Mayntz (ed.) 1981: *Kommunale Wirtschaftsförderung.*

Mayntz et al. 1982: *Regulative Politik und politisch-administrative Kultur.* (未見)

Mayntz 1982a: *Voraussetzungen und Aspekte administrativer Praktikabilität staatlicher Handlungsprogramme.*

Mayntz 1982b: Programmverarbeitung durch das politisch-administrative System, in: J. J. Hesse (ed.), *Politikwissenschaft und Vewaltungswissenschaft* (PVS-Sonderheft 13), pp. 74-89.

Mayntz 1982c: Intergovernmental relations and local autonomy in Germany, *Rivista Trimestrale di Diritto Pubblico* 2, pp. 608-624.

J. Feick & Mayntz 1982: Gesetzesflut und Bürokratiekritik, *Die Verwaltung* 15, pp. 281–299.

Mayntz (ed.) 1983a: *Implementation politischer Programme II.*

——Mayntz 1983b: Zur Einleitung: Probleme der Theoriebildung in der Impelementationsforschung, pp. 7–24.

——Mayntz 1983c: Implementation von regulativer Politik, pp. 50–74.

Mayntz 1983d: The conditions of effective public policy, *Policy and Politics* 2, pp. 123–143. (Mayntz 1997a に収録)

Mayntz 1983e: Politisierung der Bürokratie, in: H. H. Hartwich (ed.), *Gesellschaftliche Plobleme als Anstoß und Folge von Politik*, pp. 475–486.

Mayntz 1984a: German federal bureaucrats: A functional elite between politics and administration, in: E. N. Suleiman (ed.), *Bureaucrats and policy-making*, pp. 174–205.

Mayntz 1984b: The higher civil service of the Federal Republic of Germany, in: Bruce L. R. Smith (ed.), *The higher civil service in Europe and Canada*, pp. 55–68.

Mayntz u. a. 1984: *Durchsetzung des Rechts.*

Mayntz 1985a: Die gesellschaftliche Dynamik: Theoretische Herausforderung, *Verhandlungen des 22. Deutschen Soziologentages*, pp. 27–44. (Mayntz 1997a に収録)

Mayntz 1985b: Bürokratie, in: *Staatslexion*, 7. Aufl., pp. 1065–1069.

Mayntz 1985c: *Forschungsmanagement: Steuerungsversuche zwischen Scylla und Charybdis.*

Mayntz 1986a: Corporate actors in public policy, *Norsk Staatsvitenskapelig Tiddskrift* 3, pp. 7–25. (Mayntz 1997a に収録)

Mayntz 1986b: Steuerung, Steuerungsakteure und Steuerungsinstrumente: Zur Präzisierung des Rechts, *HiMoN (Historische Mobilität und Normenwandel) discussion papers.*

Mayntz 1987: Politische Steuerung und gesellschaftliche Steuerungsprobleme. Anmerkungen zum einem theoretischen Paradigma, Th. Ellwein et al. (eds.), *Jahrbuch zum Staats- und Verwaltungswissenschaft* 1, pp. 89-110. (Mayntz 1997a に収録)

Mayntz 1988a: Berücksichtung von Implementationsproblemen bei Gesetzentwicklung, D. Grimm/W. Maihofer (eds.), *Gesetzgebungstheorie und Rechtspolitik*, pp. 130-150.

Mayntz 1988b: Political intentions and legal measures, in: T. Daintith (ed.), *Law as an instrument of economic policy*, pp. 56-71.

Mayntz u. a. 1988: *Differenzierung und Verselbstständigung*.

H.-U. Derlien & Mayntz 1988: *Comparative elite study II: Einstellungen der politisch-administrativen Elite des Bundes* 1987.

Mayntz 1989: Programmentwicklung in der staatlichen Verwaltung, in: N. Szyperski (ed.), *Handwörterbuch der Planung*, pp. 1658-1664.

Mayntz & H.-U. Derlien 1989: Party patronage and politicization of the German administrative elite 1970-1987, *Governance* 2, pp. 384-404.

Mayntz & F. Neidelhardt 1989: Parlamentskultur-eine empirisch-explorative Studie, *Zeitschrift für Parlamentsfragen* 20, pp. 370-379.

J. D. Aberbach, H.-U. Derlien, Mayntz and B. A. Rockman 1990: American and German federal executives-technocratic and political attitudes, *International Social Science Journal* 123, pp. 3-18.

Mayntz 1991a: Politische Steuerbarkeit und Blockaden, in: W. Henke (ed.), *Die Zukunft der sozialer Sicherheit*, pp. 21-45. (Mayntz 1997a に収録)

Mayntz 1991b: Naturwissenschaftliche Modelle, soziologische Theorie und das Mikro-Makro Problem, *Verhandlungen des 25. Deutschen Soziologentages*, pp. 55-68. (Mayntz 1997a に収録)

B. Marin & Mayntz (eds.) 1991: *Policy Networks*.

H.-U. Derlien & Mayntz 1991: *Bundeselite 1970-1987. Rollenverständnis und Werthaltungen im Wandel.* (未見)

Mayntz 1992: Modernisierung und die Logik von interorganisatorischen Netzwerken, *Journal für Sozialforschung* 32, pp. 19-32.

Mayntz 1993a: Policy-Netzwerke und die Logik von Verhandlungssytemen, in: A. Héritier (ed.), *Policy-Analyse* (PVS-Sonderheft 24), pp. 39-56. (Mayntz 1997a に収録)

Mayntz 1993b: Networks, issues and games: multiorganizational interactions in the restructuring of a National Research System, in: F. W. Scharpf (ed.), *Games in hierarchies and networks*, pp. 189-209.

Mayntz 1993c: Governing failtures and the problem of governability: Some comments on a theoretical paradigm, in: J. Kooiman (ed.), *Modern governance*, pp. 9-20.

Mayntz 1994a: *Deutsche Forschung im Einigungsprozeß*.

Mayntz 1994b: Politikberatung und politische Entscheidungsstrukturen: Zu den Voraussetzungen des Politikberatungsmodells, in: A. Murswieck (ed.), *Regieren und Politikberatung*, pp. 17-29.

Mayntz 1995: Gesellschaftliche Modernisierung und die veränderte Rolle des Staates, in: Max-Planck-Gesellschaft (ed.), *Max-Planck-Gesellschaft Jahrbuch 1995*, pp. 57-70.

Mayntz & F. W. Scharpf (eds.) 1995a: *Gesellschaftliche Selbstregelung und politische Steuerung.*

——Mayntz & F. W. Scharpf 1995b: Steuerung und Selbstorganisation in staatsnahen Sektoren, pp. 9-38.

——Mayntz & F. W. Scharpf 1995c: Der Ansatz des akteurzentrierten Institutionalismus, pp. 39-72.

——Mayntz & V. Schneider 1995: Die Entwicklung technischer Infrastruktursysteme zwischen Steuerung und Selbstorganisation, pp. 73-100.

Mayntz 1996a: Politische Steuerung, in: K. v. Beyme & C. Offe (eds.), *Politische Theorie in der Ära der Transformation* (PVS-Sonderheft 26), pp. 148-168. (Mayntz 1997a に収録)

Mayntz 1996b: Mein Weg zur Soziologie, in: Ch. Fleck (ed.), *Wege zur Soziologie nach 1945*, pp. 225-235.

Mayntz 1996c: Hauptfach Nabelschau, in: J. F. Vannahme (ed.), *Wozu heute noch Soziologie*, pp. 59-63.

Mayntz 1997a: *Soziale Dynamik und politische Steuerung.*

Mayntz 1997b: *Soziologie der öffentlichen Verwaltung*, 4., durchsehene Aufl. (＝片岡寛光監修・縣公一郎訳『行政の機能と構造――ドイツ行政社会学――』(成文堂、一九八六年)

Mayntz 1997c: L'Administration publique dan le changement societal, in: M. Finger & B. Ruchat (eds.), *Pour une nouvelle approche du management public*, pp. 97-108.

Mayntz 1997d: Verwaltungsreform und gesellschaftlicher Wandel, in: E. Grande & R. Prätorius (eds.), *Modernisierung des Staates ?*, pp. 65-74.

Mayntz 1998a: *New challenges to the governance theory.* Jean Monnet Chair Papers 50.

Mayntz 1998b: Informalisierung politischer Entscheidungsprozesse, in: A. Görlitz & H.-P. Burth (eds.), *Informale Verfassung*, pp. 55-66.

Mayntz 1998c: Eine sozialwissenschaftliche Karriere im Fächerspagat, in: K. M. Bolte & F. Neidhardt (eds.), *Soziologie als Beruf* (Soziale Welt Sonderband 11), pp. 285-293.

Mayntz 1999a: Nekrologe: Zum Tode von Niklas Luhmann, *Kölner Zeitschrift für Soziologie und Sozialpsychologie* 51, pp. 186-188.

Mayntz 1999b: Organizations, agents and representatives, in: M. Egeberg & P. Lagreid (eds.), *Organizing political institutions*, pp. 81-92.

Mayntz 1999c: Multi-level governance: German federalism and the European Union, in: Carl Lankowski (ed.), *Governing beyond the nation-state. Global public policy, regionalism or going local ?* The Johns Hopkins University, American Institute for Contemporary German Studies (AICGS) Research Report No. 11.

Mayntz 2000: Individuelles Handeln und gesellschaftliche Ereignisse. Zur Mikro-Makro-Problematik in den

Sozialwissenschaften, *Wie entstehen neue Qualitäten in komplexen Systemen ? 50 Jahre Max-Planck-Gesellschaft 1948-1998. Dokumentation des Symposiums zum 50 jährigen Gründungsjubiläum der Max-Planck-Gesellschaft am 18. Dezember 1998 in Berlin*, pp. 95-104.

＊ なお、マインツに関する一九九三年までの包括的な文献目録として、H.-U. Derlien u. a. (eds.), *Systemrationalität und Partialinteresse-Festschrift für R. Mayntz-*, 1994, pp. 527-543. がある。また、九三年から最新の文献目録については、マックスプランク社会研究所のホームページ (http://www.mpi-fg-koeln.mpg.de/publikation/mitarbeiter.html) がある。

あとがき

本書は、筆者が一九九五年一月に九州大学大学院法学研究科に提出した博士学位請求論文（「レナーテ・マインツの行政社会学」）を雛型としつつ、熊本県立大学総合管理学部赴任後に公表した幾つかの論稿（後掲の初出一覧参照）や、二度の学会報告（「政策ネットワーク論における『政策』・『制度』・『管理』」一九九七年度日本行政学会分科会A「行政学の再構成――日本行政学の課題――」、及び「ドイツ――NPM型行政改革の進展と行政理論の動向」一九九九年度日本政治学会分科会K「ニュー・パブリック・マネジメントの国際比較」）を経て纏められたものである。本書の各章は、執筆あるいは公表時点を異にしているが、博士学位請求論文に着手して以来、基本的には一貫した問題意識のもとで構想されていたものである。なお、本書に収めるにあたっては全体的調和を図ったほか、大幅に加筆修正を施したことはいうまでもない。特に、日独行政の比較研究という構成をとる第二部については、可能な限り最新のデータ（二〇〇〇（平一二）年四月段階）を追加している。

一端公表した原稿にあらためて筆を入れ、一書としての体裁を整える作業には、思いの外難渋した。誤記・誤訳が散見されたことはいうまでもなく、論理の運びが怪しい記述に出会うたびに、思考の浅さを痛感した。しかしながら、この作業は、筆者が今日までいかに多くの方々の学恩によって支えられてきたかを再認識する、またとない機会となった。

まずはじめに御礼を申し上げたいのは、恩師手島孝先生（前熊本県立大学学長、九州大学名誉教授）である。九州大学法学部長室で筆者の大学院受験について手島先生（当時、九州大学法学部長）にご相談してから既に一〇年以上が経過したが、今日まで一貫して親身になってご指導いただいた。筆者は、弟子の仕事の一つは、恩師が先鞭をつけた研究を承継し、そして（もし可能であれば）これに幾許かのものを付け加えることにあると考え、これまで研究に取り組んできた。仮に、本書が、その内容・スケール・格式の全ての面で見劣りはするものの、手島先生の「ドイツ行政科学史論」（法政研究四二巻二・三合併号、一九七五年。後に『総合管理学序説』（有斐閣、一九九九年）に所収された）に繋がる研究として受けとめられることがあるとすれば、手島先生の学恩にわずかでも報いることになろう。今里滋先生（九州大学教授）には、手島先生が熊本県立大学に移られた後、指導教官をお引き受けいただいたばかりでなく、学位請求論文の主査もお務めいただいた。〝世直し人助け〟としての行政学を実践する今里先生は、筆者の憧れの中心でもある。同門の笹田栄司先生（金沢大学教授）には、専門分野が異なるにもかかわらず、大学院時代から公私にわたりご指導いただいている。また、本書の上梓に際しても格別のご高配を賜った。さらに、毎熊浩一氏（島根大学専任講師）には、本書の初稿段階で目を通していただき、お手を煩わせた。

行政学というフィールドでは、村松岐夫先生（京都大学教授）・真渕勝先生（京都大学教授）をはじめとする関西行政学研究会の先生方には、関西に全く縁のなかった筆者を快く研究会に受け入れてくださるなど、今日に至るまで大変お世話になっている。また、森田朗先生（東京大学教授）・田辺国昭先生（東京大学助教授）には、㈶行政管理研究センターの研究会にお誘いくださり、貴重な研究の機会を与えていただいている。京都・東京という二つの場は、霞ヶ関から最も遠い行政研究者の一人である筆者にとって、知的活力の源泉である。マインツの *Soziologie der öffentlichen Verwaltung* の翻訳者でもある縣公一郎先生（早稲田大学教授）には、日独比較行政研究の第一人者として、機会あるごとにご指導いただいている。

筆者の勤務する熊本県立大学総合管理学部の先生方には、言い尽くせない程の感謝の気持ちを覚える。とりわけ、研究関心を共有する片岡勒先生、荒木昭次郎先生、渡邊榮文先生、木原佳奈子先生、石森久広先生には、日頃から様々なかたちでアドバイスをいただいている。また、昨年度までご一緒させていただいた今川晃先生（現在、四日市大学教授）からは、筆者の研究にとって重要な局面で、各方面に何度かお口添えをいただいた。
　最後になったが、本書の出版をご快諾いただき、ご協力を惜しまれなかった信山社の村岡侖衛氏に厚く御礼を申し上げたい。村岡氏の若手研究者に対するご理解なくしては、本書は生まれることはなかった。また、熊本県立大学後援会からは出版助成のご支援を賜った。ここに記して深甚の謝意を表したい。

二〇〇〇年八月

原　田　久

［初出一覧］

第一部　マインツ行政社会学の構造

第一章　「組織改革の時代における行政研究――マインツ行政社会学の『黎明期』――」アドミニストレーション（熊本県立大学）二巻二号（一九九五年）

第二章　「ボンでの大きな期待がどうしてケルンで打ち砕かれたのか、あるいは連邦の施策が首尾よく行われるのがどうして驚きなのか？――マインツ行政社会学の『発展期』――」アドミニストレーション二巻三号（一九九五年）

第三章　「レナーテ・マインツの政策ネットワーク論」日本行政学会編『年報行政研究三一・分権改革』（ぎょうせい、一九九六年）

第二部　日独比較行政研究への接近

第一章　「比較のなかの政官関係論・序説」アドミニストレーション四巻二号（一九九七年）

第二章　「比較のなかの行政改革論・序説」アドミニストレーション五巻一号（一九九八年）
「ＮＰＭをめぐる学と実務の国際比較」季刊行政管理研究八八号（一九九九年）

た行

な行

は行

ま行

や行

ら行

索　引

A—Z

あ行

か行

さ行

著者紹介

原田 久（はらだ ひさし）

熊本県立大学総合管理学部専任講師
1966年　福岡県生まれ
1995年　九州大学大学院法学研究科博士課程修了，博士（法学）
同年　熊本県立大学総合管理学部助手
1996年　同　専任講師，現在に至る

主要論文
「政策・制度・管理」季刊行政管理研究81号（1998年）
「もう一つの総量規制？」アドミニストレーション6巻1号（1999年）
「第三者機関による自治体活動の評価」都市問題91巻8号（2000年）

社会制御の行政学

2000年11月20日　初版第1刷発行

著　者　原田久
発行者　今井貴＝村岡侖衛
発行所　信山社出版株式会社
113-0033 東京都文京区本郷6-2-9-102
TEL 03-3818-1019　FAX 03-3818-0344
印刷・松澤印刷　製本・渋谷文泉閣

ISBN 4-7972-5235-9 C3031